"创新"时代谈创新

"创新"是当下的热词之一，各个社会阶层都热衷于谈创新，然而，到底什么是创新？是不是每个企业每个人都要搞创新？

熊彼特指出，创新就是要通过"生产要素的新组合"来建立一种新的生产函数，经济发展就是社会不断实现这种"新组合"的过程。然而，"这种新组合并非时时都发生，而是间断性的、突变式的"。熊彼特提出的这种创新，与当下大家口中的创新有很大不同：一是创新是经济发展过程中内生的，而非外部强加于它的。换句话说，无论是政府还是社会，都无法干预；二是创新是"突变"式的革命性变化。既然创新并非时时都发生，因此并非所有企业都要搞创新，也不是每个人都要天天搞创新。创新过程中，企业家发挥着灵魂作用。企业家创新的动机有三：梦想、征服的意志和创造的欢乐。以这样的标准来反观当下的创新，可能很多所谓的"创新"都当之有愧，很多所谓的"企业家"也名不副实。

然而，对于创新的解读也不要陷入另一个极端。创新不一定要高科技，德鲁克提出，创新的关键在于创造价值。比如，集装箱的诞生就是为了解决港口装卸的拥堵问题提出的解决方案，其本身与高科技无关，却是一种将装货、装船在时间和空间上分开从而大大降低轮船在港停留时间、解决港口拥堵的全新解决方案。没人能否认，集装箱的诞生是一项创新。不要迷信高科技才能创新，传统行业和任何一个行业都可以进行以创造价值为目的的创新。原因在于，创新不是目的，解决问题、创造价值、满足需求才是根本。为了创新而创新，真乃舍本逐末。

创新是怎样发生的？是来自于灵感乍现，还是来自于专注的积累？爱迪生发明电灯不是靠那1%的灵感，而更多是依靠99%的汗水，倘若没有其持续的专注的积累，那1%的灵感或顿悟也无从诞生。没有汗水和持续专注的积累作为基础的"灵感"与能够创造社会价值的创新毫无关系，青蒿素的诞生更是印证了这一点，踏踏实实和专注的积累更有可能诞生创新。从这一点看，《经济学家茶座》不以功利为目标，致力于经济学的通俗化，专注于经济学对社会的基本关切，这在当下的经济学期刊领域何尝不是一种创新？

对于创新，媒体更应该引导的是科学的创新方法和持续专注的积累，而不是偶然的大获成功。

（作者庞瑞芝为南开大学经济与社会发展研究院教授）

经济学家茶座 | TEAHOUSE FOR ECONOMISTS

主　管　山东出版传媒股份有限公司
出　版　山东人民出版社
编　辑　《经济学家茶座》编辑部

本刊得到上海汇智经济学与管理学发展基金会资助

主　编　胡长青
执行主编　詹小洪
项目负责人　陶远城

编　委（按姓氏笔画为序）

王松奇	王东京	王振中	王瑞璞	冯兰瑞	刘　伟	刘方棫	刘国光
吴树青	汪丁丁	张卫国	杨瑞龙	林　岗	项启源	钟朋荣	洪远朋
洪银兴	胡培兆	赵　晓	荆林波	顾海良	梁小民	黄少安	程恩富
蔡继明							

图书在版编目（CIP）数据

经济学家茶座. 第74辑/胡长青主编. —济南：山东人民出版社，2016.12

ISBN978-7-209-10325-1

Ⅰ.①经… Ⅱ.①胡… Ⅲ.①经济学－文集 Ⅳ.①F0－53

中国版本图书馆CIP数据核字（2016）第001373号

山东人民出版社出版发行
济南市胜利大街39号
邮编：250001
http：//www.sd-book.com.cn
编辑部电话：（0531）82098901
Email：chazuo8903@126.com
微信公众号：cneconomist
书友ＱＱ群：311957096
微博：weibo.com/sdpress
市场部电话：（0531）82098027　82098028
邮购电话：（0531）82098021
山东临沂新华印刷物流集团印装
2016年12月第1版　2016年12月第1次印刷
169毫米×239毫米　16开　11印张　160千字
邮发代号：24-180
定价：18.00元

目 录

|卷首语|
庞瑞芝　"创新"时代谈创新 / 001

|国是我见|
钟宁桦　吴冰雁　中国经济"去杠杆"的核心是持续推进国有部门的
　　　　市场化改革 / 005
韩朝华　家庭农场面面观 / 012
汤铎铎　全球化的倒退和两个三元悖论 / 017
杨汝岱　如何看待和应对TPP / 020
赵世勇　宋文博　《最低工资法》的经济后果
　　　　——兼论如何保护工人利益 / 024

|学界万象|
王　军　作者、编辑与审稿人 / 029
李文溥　大学智库：价值中立性与独立的价值倾向性 / 035
邱　斌　失落的世界经济与高涨的研究热情 / 040

|学问聊斋|
杜　创　经济思想史上的1982年 / 045
苏乃芳　李宏瑾　张怀清　正确理解GDP平减指数 / 051
李晓平　经济学的"滥竽充数指数"分析 / 057

|生活中的经济学|
陈　宪　"双创"在今天的中国意味着什么？ / 063
荆林波　关于"双十一"网购狂欢节热的冷思考 / 070
刘宝宏　"剁手党"是如何炼成的？ / 074
包　特　从经济学角度看时尚 / 080
李俊慧　淘宝的那些促销手段 / 082
吕　伟　谁损害了CBA联赛的品牌价值？ / 086

| 经济随笔 |
姜付秀　石贝贝　公司董秘在融资中的作用 / 090
郑联盛　农民进城买房的资产负债分析 / 095
王弟海　健康、教育和物质资本，谁对经济增长更重要？ / 101
周　勤　有多少"险"可以重来？ / 107
刘　愿　知青子女的受教育水平为何更高？ / 112

| 经济评论 |
赵学军　女大学生"裸条"借债的信用担保 / 117
欧阳峣　疯狂的房子 / 121
李　磊　企业对外直接投资有力地促进了我国就业 / 125
郭金喜　罢运和禁运拯救不了出租车行业 / 131
蔡晓峰　《机遇之城》调研的故事 / 136
孙　瑾　全国四大省市自贸试验区调研札记 / 142

| 经济学人 |
皮建才　诺贝尔经济学奖获得者中的"纳什之最" / 147

| 经济史话 |
李　楠　林友宏　清代"改土归流"与西南边疆地区发展 / 152
徐卫国　出勤率的诱惑：也谈人民公社社员的劳动积极性 / 157
林　展　续量化经济史研究三则 / 161

| 他山之石 |
朱　玲　美国低收入老年人的照料福利 / 168
白雪洁　产业政策是谁的"工具"？
　　　　——由日本几类产业政策引发的思考 / 171

【国是我见】

中国经济"去杠杆"的核心是持续推进国有部门的市场化改革

钟宁桦[*] 吴冰雁[*]

2016年11月13日,新华社评论员发表了题为"坚定不移把国企改革向纵深推进"的文章。其中列举了一组数字:"截至2015年年底,全国国有企业资产总额119.2万亿元,所有者权益40.14万亿元,营业收入45.47万亿元,利润总额2.3万亿元,分别较2005年年均增长16.7%、14.2%、12.3%、9%。"

正如这组数字所显示的,在过去十年中,我国国有企业在各方面都取得了长足的进步;和过去比,大有进步。然而,与此同时,我们也应该看到,国有企业作为一个整体,其盈利能力还有待提高。就根据上面这组数字,简单地计算,我们可以得知,国有企业这个整体的资产收益率(ROA)= 2.3/119 = 1.93%。更进一步,我们可以计算出,国有企业的总负债是:119.2 − 40.14 = 79.06(万亿)。

据中国社科院和各种机构的测算,截至2015年年底,我国债务总额达到了168万亿元,债务总量与GDP的比值达到249%。这就是说,在中国的总债务中,近一半是借给了国有企业。国有企业借了79万亿的债以及贡献出1.93%的平均利润率。这个事实,或许是我们在之后讨论我国经济"去杠杆"问题时应该一直记着的。

有关中国经济去杠杆的讨论和一些基本事实

近年来,有关中国经济"去杠杆"的讨论成为一个全球性的热点问题。尤其是在2015年年底中央经济工作会议提出以"三去、一降、一补"为关键的供给侧改革的任务之后,相关的讨论更是铺天盖地。有些观点认为我国的杠杆率过高了。其背后的一个重要的证据是近年来我国广义货币供应量M2激增,从2008年的47

---

[*] 作者钟宁桦为同济大学经济与管理学院教授;吴冰雁为同济大学经济与管理学院硕士生。

万亿骤升至2015年的139万亿（超过20万亿美元），在绝对值上超过了美国、欧盟等。另一个证据同样来自于国际比较，即我国整体负债与GDP的比值水平与美国、英国以及欧元区的一些发达国家相当，远远高于巴西与印度等发展中国家。然而，在总杠杆率不断攀升的情况下，我国中小、民营企业融资难、融资贵的问题似乎没有显著的改善；同时，整体经济又迫切地需要向着创新驱动的方向转型，需要金融的支持。这些情况又构成了中国应该继续"加杠杆"的理由。

诸如此类的争论是很难得出结论的。其实，对于中国这样一个结构性问题突出的经济体而言，任何大而一统的结论都可能会是有偏的。或许，与其泛泛地讨论中国经济的整体"最优杠杆率"在哪里，不如首先去搞清楚一些基本的事实，如分部门、分行业、分地区、分企业所有制、分时期，杠杆率到底高在哪里？

近期不少报告都指出：分部门（企业、居民、政府）来看，我国非金融企业的负债是最高的，并且是在2008年之后迅速上升的。在2004—2008年期间，这类债务占我国GDP的比重不到100%。2010年达到105.4%，超过所有其他主要国家；在后面几年中继续飙升，2015年6月达到了163%。根据国际知名债务评级公司标准普尔的估计，至2013年年底，我国非金融企业债务总量为14.2万亿美元，已经超过美国同类债务的总量（13.1万亿美元）；他们进一步预测，至2018年年底，我国企业债务将占到全球企业债务总量的1/3以上。

笔者和几位合作者于2016年7月在《经济研究》上发表了一篇题为"我国企业债务的结构性问题"的拙作。在上述这些研究的基础上，我们进一步仔细分析了1998—2013年间我国所有规模以上工业企业的数据，以考察我国非金融企业杠杆率的变化。为此，我们详细查看了这套数据中近400万个企业样本的平均负债率（即负债总计/总资产），发现，平均负债率从1998年的65%持续下降到2013年的51%，即15年间下降了14%，平均每年下降近1%。我们随后按不同的期限把债权做了区分，发现：平均短期负债率（短期负债/总资产）从1998年的55%下降至2013年的47%；平均长期负债率（长期负债/总资产）从1998年的11%降至2013年的6%。即对于总负债的下降而言，短期负债率贡献了更多；而考虑到长期负债的初始水平很低，它下降的幅度要大很多。此外，长期负债的平均数和75分位数在2008年之后都略有上升，但中位数一直为0，说明一半以上的样本企业始终无法得到任何长期负债。

这就是说，在过去的十几年间，我国规模以上企业呈现出了显著的、整体性的"去杠杆"趋势！当我们最初看到这个发现时，我们觉得有些匪夷所思。因为近几年中，有大量媒体以及机构的报告都在强调金融危机后我国负债率"屡创新高"，并给人一种"中国企业的负债率普遍都在上升"的错觉。那为什么我们却看到了持续的、下降的平均负债率？

笔者猜测，负债率的上升可能只在某些子样本中。于是，笔者对全样本按不同的口径进行分类，并给出了详细的统计描述。我们经过反复考察，确定了以下六组事实：①在样本中连续存在时间越长的企业，负债率下降的幅度越小。②大企业的负债率小幅下降，而中小企业的负债率显著下降。③重工业企业负债率的下降幅度一般要比轻工业企业小很多；公用事业企业的平均负债率呈上升趋势。④东北和中部地区企业的平均负债率下降的幅度最大，超过20%；东部发达地区企业的平均负债率相当稳定。⑤国有企业的平均负债率始终高于私营企业，私营企业基本高于外资企业。在各类企业中，国有企业平均负债率的下降幅度最大。然而，存续时间长的国有企业的平均负债率是稳定的，并且在2009年之后上升。⑥在主板上市的制造业企业的平均负债率不断上升，2009年之后超过非上市公司；并且，上市公司负债率的上升主要是由国有企业推动的。

所以，在各类分样本考察中，我们找到了三组负债率上升的样本：连续存在的国有企业、公用事业领域的企业以及上市的国有企业。而这些基本都是大型的、国有、上市的公司。于是，笔者的考察进一步集中到了几千家企业上，发现我国债务"惊人地"集中。2013年，在工业企业数据库中总共约有35万家企业，所有企业的负债总额为49.1万亿，其中负债最多的500个企业的总负债就超过1/4（为13.5万亿），负债最多的2000家企业的总负债接近一半（为23.5万亿）。进一步，根据笔者的计算，2015年上市公司中负债最多的50家企业的总负债就高达11万亿，而负债最多的300家企业的总负债达到16万亿。

这就是我国企业债务的结构性问题：负债率的上升主要集中在几千家企业上，其中大部分是大型、国有、上市公司；而与此同时，在1998—2013年期间我国大部分非上市工业企业的负债率都在不断下降，尤其是中小、民营企业借钱越来越困难。仅就笔者有限的所读，一直到近期，这十几年间所呈现出来的显著的、整体性的"去杠杆"趋势在各类报告中几乎是被完全忽略的。然而，这一"结构化的问题"是严肃地讨论中国经济去杠杆的一个重要的事实基础和出发点。在结构性问题突出的情况下，从总量上来讨论中国杠杆率过高还是过低，并没有太大的意义。

负债率的变化是否有经济基本面的支持？

那么，过去十几年中，我国企业负债率的变化是否合理？尤其是，就几千家国有企业负债率的显著上升，我们能否找到一些理由？发展中国家在高速发展的过程中通常都会伴随着企业部门负债的上升，就这一点而言，中国并不是一个特例。更考虑到，在过去十几年中，随着我国快速的市场化进程，我国企业的一些主要特征发生了非常显著的变化。比如，企业的盈利能力有了显著的提升。一个企业的盈利水平提高，在外部借更多的钱是合理的，因为它预期未来的现金流能够偿还更多的债务。类似的，过去十几年中，以大型国企为主的我国一部分企业经历了快速的资本深化过程；通俗地说，就是它们的固定资产更多了。这些企业在外部借更多的钱也是合理的，因为它们的抵押物多了，若它们还不出钱，可以卖掉固定资产。诸如此类的杠杆率的提高是有经济基本面的支持的。

为了回答"企业杠杆率的上升是否有经济基本面的支持"这一问题，笔者借鉴西方资本结构的文献，首先考察决定企业债权融资的六个重要的企业特征的变化。我们发现，我国企业在 1998—2013 年期间内平均规模不断变大，经营性风险不断上升，有形资产（主要包括固定资产和存货）的比例不断下降，并且盈利能力不断提高。这些变化都是我国经济整体朝着市场化方向的转型在微观企业层面的反映——在国内、国外的产品市场上遭遇的竞争越来越激烈，所以经营性风险越来越大，而同时存留下来的企业的盈利能力越来越强、规模也越来越大；此外，市场竞争也迫使企业采用更加符合比较优势的方式来生产，因此我国企业不断向着劳动密集型、轻资产化的方向转型，这一变化显著地体现在有形资产占比的不断下降上。

我们随后借鉴西方资本结构文献中的标准回归模型考察了这些变量与负债率之间的关系。我们发现，在私营企业的样本中，回归结果和西方文献高度一致，并且企业特征的变化与负债率的变化一致。比如：①前一期的经营性风险与当期的负债率负相关，因而经营风险的上升可能导致了负债率的下降；②有形资产是债权融资的抵押品，且前一期的有形资产与负债率正相关，因而有形资产比例的下降可能导致负债率的下降；③前一期的平均利润率与负债率负相关，即内部现金和外部融资是替代关系，因此利润水平的上升可能也是负债率降低的原因。这就是说，套用西方标准的资本结构的模型，如果你告诉我私营企业前一期的一些主要的企业特征，我大概能预测该企业下一期的负债率。然而，在国有企业的样本中，除了利润率，其他一些重要的企业特征变量都不显著；这就是说，我们不太可能以企业特征的变化来解释国有企业负债率的变化。

此外，2014年，在我国最大的1000家上市公司中，大概有16%的企业当年获得的息税前利润低于应付的利息。而根据瑞银的分析师的估算，A股非金融上市公司中，在2015年上半年，息税前利润不够支付利息费用的公司的占比达到11.7%。这两个计算大概都是在说，有160—200家大型上市公司，赚的利润还不足以支付利息，而其中大部分是国有企业。这也说明，这些企业的负债太高了，最终带来沉重的利息负担。我们由此得到初步的结论：私营企业的融资决策符合市场化的原则，国有企业的融资决策中却含有更多非市场化的因素，即缺乏经济基本面的支持。

值得一提的是，这一结论也与另一个2008年金融危机后出现的重要现象一致，即国有企业大量参与各类影子银行活动。比如，根据上海证券交易所和深圳证券交易所公布的委托贷款数据，我们估计，2013年，3/4的委托贷款是由国有企业做的。说明这些企业自身没有很好的投资机会，却从金融体系中以较低的成本借了大量的钱，后转手以较高的利率借给从正规金融体系中借不到钱的企业，以从中获得利差。而根据英国《金融时报》2016年8月16日的报道，中国大型国企在核心业务低迷之际正越来越多地投入委托放贷。中国的委托贷款总存量在6月份达到12.06万亿元，自2014年年初以来增长了70%，并成为中国影子银行业增长最快的领域。这些数据都从侧面证明，以我国大型国有企业为主的一部分企业借的钱太多了，负债之高并不合理且严重超出了它们的偿还能力。

中国经济如何"去杠杆"？

十年前，人多是我国制造业的优势，很快，人多会成为负担。在这样的背景下，之后一段时间内，我国若要保持经济高速增长，一靠资本的优化配置，也就是让每个人更多、更优地使用机器设备，以提升现有劳动力的边际产出；二靠持续的技术创新，以进一步靠近发达国家的技术前沿。对于这两个目标的实现，我国金融体系配置金融资源的效率至关重要。资金是否能配置到真正高效的、有现实生产力的企业上？资金能否配置到有创新潜质的早期项目中，以支持它们的发展？

然而，2008年之后，我国金融资源的配置效率不但没有上升，反而显著下降。据英国《经济学人》杂志最近的一篇报道的估计，在2008年金融危机前，我国1块钱的新增贷款能创造一块钱的GDP，而现在则需要4块钱的新增贷款。其背后一个重要的原因就是低效企业挤占了大量资金。这约束了真正健康的、高效的企业的投资和创新，也抑制了新的企业进入行业。"金融不支持实体"的现象越来越严重，并最终导致了整体经济的低效。正如本文在开头所指出的，我国国有企业部门整体负债79万亿，而只有1.93%的平均利润率。资金的配置效率亟待提高！

对于我国当下"是否要去杠杆"以及"如何去杠杆"这些问题，笔者的研究还是比较初步的。不过，我们的结果说明，完整的回答应该至少包括两个部分。①以私营企业为主的一部分企业，其融资决策整体上符合市场化的原则；对于这些企业而言，应该保证充足的资金供给，保证有基本面支持的企业能够借到钱。②以国有企业为主的另一部分企业，其负债的决定因素中存在大量"非市场化"的因素；要尽快停止给低效的国有企业持续输血，让新增的贷款配置到最有效率的企业中去。在操作层面上，笔者也有两点具体的意见：

第一，我国"高杠杆"是一个结构性的问题——大量负债集中在很少数企业上。对于这样的问题，大而一统的货币政策，无论是紧缩的，还是宽松的，都可能会是低效的，甚至会加剧已有错配问题的严重程度。现在的问题并不是货币政策应该宽松还是紧缩，而是我国金融体系对于货币政策的传导是严重有偏的——资金并没有都流向健康的、需要资金的企业。因此，有效的政策必须逐步纠正现有金融中介，尤其是银行体系配置资金的低效，并削弱非市场化的力量。

第二，对于那些"僵尸企业"，即低效的、亏损的国有企业而言，负债是一个存量，新增贷款是流量，不能用流量去解决存量的问题。借新债还旧债，只能导致债务越滚越大。据估计，2015年新增债务中可能有1.5万亿—2万亿元用于还息，相当于去年新增信贷的10%。"僵尸企业"的存量债务问题需要用存量去解决，比如变卖一部分国有资产来偿还债务，同时对企业进行改制和重组。需要特别指出的是，这些"僵尸企业"都是净资产为负的企业，"关停并转"这部分企业，对于国有资产是增值而非减值。出售资产，其实是在市场上寻求机会更好地盘活这些资产，更充分地发挥这些资产的价值。若能"物尽其用"，对整个经济也是有益的。在当下总负债率那么高的情况下，新增信贷是特别宝贵的资源，需要善加利用。在当前我国整体经济结构转型的大背景下，增量资金的配置效率更直接事关我国未来中长期的经济增长潜力。

总之，我国经济"高杠杆"是一个结构性的问题，需要"结构性"的政策来解决。要果断地在低效的地方"去杠杆"；为此，需要持续推进国有企业的市场化改革，"关停并转"，以真正实现 20 多年前党的十四届三中全会提出的"产权清晰、权责明确、政企分开、管理科学"的目标。与此同时，同样重要的是，要在高效的地方"加杠杆"；为此，需要继续推进我国商业银行和其他金融中介的市场化改革，使得宝贵的信贷资源能真正配置到有现实生产力、有足够资本回报率的企业中。由此，"去杠杆"的核心是持续推进国有部门改革；在纠正结构性的失衡中，为我国的经济增长激发出新的动力和活力。

家庭农场面面观

韩朝华 *

平均生产规模偏小已成为中国农业的一个发展障碍，实现规模经营是当前中国农业必须应对的挑战。有些人以为，将许多劳动者归集于一个经营单位内，统一组织"大生产"，就能实现农业的规模化经营。这是一种认识误区。

一、农业的产业特性与家庭经营

农业生产是一个生物有机体的生长发育过程，它无法像工业生产那样把生产对象集中于有限的空间和时间内，高度集约化地完成生产，而只能在野外空间中展开，并在时间上按季节循序经历不同的生产阶段。在这个自然的生物成长过程中，直接影响生产过程的因素主要不是人力，而是气温、阳光、空气、土壤、水分、肥料、生物等。对于这些气候、生态因素，人力所能影响的程度是有限的。人类只能服从和利用这些因素，不能违背和无视这些因素。而且，在农业中，生物性的生产过程与人为的劳动过程不一致，前者涵盖并超过了后者，农业过程中人的劳动付出与其生产所获之间的联系远不如其他产业活动那么直接和稳定，这使得农业生产中的劳动监督效果差，成本高。因此，农业生产过程的成效在很大程度上取决于直接生产者在劳动中的责任心和勤勉性。

农业的这些特性决定了个体农户的家庭经营成为农业生产中的最佳组织方式。这是因为，在家庭经营中，经营成果的享有与劳动努力的付出天然统一，从而消解了劳动监督难题，保证了生产者的最大责任心和勤勉性。据联合国2010年度全球农业调查的数据，全世界约有4.75亿户家庭农场，它们在全球农场总数中占98%；这些家庭农场耕种的土地占全球农地面积的53%，并至少生产了全球食品的

---

* 作者为中国社会科学院经济研究所研究员。

53%。另据美国农业部 2015 年的统计，美国的全部农场中，家庭农场占 98.9%，家庭农场占用的土地占全美农地面积的 96.2%，它们所提供的农业产值占美国农业产值的 89.6%。

近代农业发展在生产组织上经历了曲折的探索过程。在 19 世纪中后期，美国的一些财团像办大工业那样，动用大额投资在中西部地区创办公司化农场。这类农场的耕种面积都在 1000 英亩以上，还有不少的农场达到了 6000—7000 英亩。他们聘请职业经理负责管理，雇用大批农业工人，集中开垦大片土地种植小麦和玉米。但很快，到 80 年代，这些大型农业公司纷纷将土地分散出售或租赁给个体农户，退出农业经营。其原因主要是这类大规模的垦殖活动以工资劳动者为主要劳力，监督成本高，运行效率差。类似的挫折在当时的西欧各国也不同程度地发生过。在 20 世纪的社会主义国家中，发展大规模农业被赋予了很高的政治必要性，而国有农场和集体农场曾被预想为达到这一目标的最有效手段。但在经历了几十年的勉力维持之后，这些国家的农业生产体制最终都因效率低下、发展无力而重归个体农户的家庭经营。家庭经营至今仍在农业生产组织中占有绝对主导的地位，农业是一个天然适于个体单干的产业。

二、现代家庭农业不等于小规模农业

传统的个体农户都是规模细小的生产组织，但现代农业中的家庭农场已不是小农业的同义词。现代农业的基本发展趋势之一是农业经营单位的平均规模不断扩大，农业的生产效率（土地产出率和劳动生产率）大幅度提高。据 J.T·施莱贝克所著《美国农业史（1607—1972 年）》披露，美国农场的平均耕地面积在 1910 年时为 138.1 英亩，到 1950 年时达到了 215.5 英亩，增长了 56%。另外，美国国家科学院等机构于 1975 年出版的《美国农业生产的效率》一书披露，自 1940 年起的 30 多年里，美国农场的平均资产规模增长了 3 倍多；而且，随着农业技术的不断更新，农机工具的不断大型化，农场的最佳规模还在扩大，曾经合乎效率标准的农场会变得规模过小。

2012 年美国《大西洋杂志》登载了一篇文章，题为"家庭农场的凯旋"，里面提到一家成功的家庭农场。这家农场位于加拿大西部的亚伯达省，由作者的曾祖父于 1913 年开创，现在由其父亲经营。该农场共耕种 5600 英亩土地，其中自有土地 3200 英亩，租用土地 2400 英亩。2011 年这个农场生产了 3900 吨小麦、2500 吨油菜籽、1400 吨大麦，农场的总收入超过了 200 万美元。这家家庭农场的主要劳动力是 3 个人，即农场主本人和两名男性雇工（每年 9 个月）。在播种和收获季节，农场主会再雇几个朋友来帮忙，时间为 2 至 3 周。作者认为，这样的大农场主都是老道的实业家，他们用 GPS 设备来引导他们的联合收割机，采用生物技术来提高他们的产量，并利用期货合约来应对风险，且都颇富有。从耕地面积和产出规模来看，这样的农场在中国抵得上一个大型国有农场，但从其业主范围和生产者人数来看，不过是一个农业个体户。当然，在北美地区，如此规模的家庭农场是少数，大多数家庭农场是小型农场。但是，大中型农场在整个农业生产中所占的份额远远超过了小农场。以美国为例，2015 年，大中型家庭农场虽然在数量上只占 9.3%，但它们在耕地面积上占 50.5%，在农业产值上占 67.8%，它们是现代农场的主力和标杆。

所以，现代农业中的家庭农场，就其所动用的物质生产资料和产出量的规模来看，是地地道道的大农业经营，但从其动用的人力规模来看，它依然保持着个体农户的经营模式。用人少、产出大是现代家庭农场的特征之一。

三、推动家庭农场扩张规模的基本因素

推动现代农业日趋大型化的基本因素有两个：一个是市场竞争，另一个是技术进步。

农业现代化是伴随着经济的市场化扩展而推进的。当个体农户成为农产品市场中的供给者时，市场竞争会迫使个体农户不断地提高效率，降低成本，而这都离不开经营规模的扩大。

美国国家科学院等机构于 1975 年出版的《美国农业生产的效率》中指出，农业经营的一个特点是固定成本高，但边际成本低。这促使农场主尽量地扩大产出规模以提高固定投入（如土地、建筑、人力、设备等）的使用效率。

市场经济的发展伴随着产业结构的多样化，这导致农村居民的非农就业机会增多。这会引发农村居民在就业取向上的分化。能够在农业经营中扩大规模、提高效率以实现家庭劳动报酬最大化的农户会继续务农，而做不到这一点的农户则会离开农业，转营他业。市场如此筛选农户，结果自然是存留农户的经营规模不断扩大。

农产品消费的收入弹性较低，其价格上升空间有限，随着农业生产过程的资本密集度不断上升，农业经营的利润边际会趋于缩小。这也构成了个体农户扩大经营规模的压力，达不到一定经营规模的小农场往往使农场主家庭陷于贫困。

市场竞争对农户的筛选是促使家庭农场扩大规模的外部因素，而科学技术的发展则为农户实现规模经营提供了物质条件。

国际知名农业经济学家速水佑次郎和弗农·拉坦认为，农业中的技术进步可分为两类：一类是"机械革新"，另一类是"生物革新"。前者主要体现为在农业生产中不断导入新的农业机械，以节约人力耗费，扩大生产规模，提高劳动生产率，因而也称为"节约劳动型技术"；后者主要体现为在农业生产中导入新的良种、肥料、农药和栽培技术等要素，以改良作物性能、革新耕种模式、提升作物产量、增强作物抗病灾能力、提高土壤肥力等，从而提高土地的生产率，因而也称为"节约土地型技术"。由这两类技术进步带来的规模经济效益主要体现为平均的土地成本和人力成本随产出规模的扩大而下降，它的一个直观后果是单位农地或单位人力投入所能产出的农产品数量不断上升。如美国农业史专家 J.T·施莱贝克曾提到，据美国农业部的数据，美国一个农民所产农产品能够供养的人数在 1910 年是 7.07 人，在 1940 年是 10.69 人，在 1945 年是 14.55 人，在 1965 年是 37.02 人。

不难看出，农业领域的"节约劳动型技术"和"节约土地型技术"都离不开资本投入，是典型的资本驱动型技术进步。这与工业领域的情况不同。在工业领域，借助劳动者集体的分工合作来创新生产方式也是提高效率和扩大规模的一个途径。但在农业领域，如此行事的空间很有限。农业领域的技术进步和经营创新，重点不在于变革生产组织方式，而在于用资本替代（或曰扩展、增强）劳动和土地。资本密集度高和技术密集度高也是现代大型家庭农场的一个特征。

四、推进家庭农场主导的规模化经营

20 世纪 80 年代初，中国在农业领域全面推行家庭联产承包责任制，使中国农业的基本生产方式重归农户家庭经营轨道。但目前，中国农户家庭承包经营的土地面积过小，使多数农户无法靠经营承包土地来满足自家的生活、发展需要，也阻碍着我国农业的经营升级和现代化。这种状况的直接后果是中国农业效率低、成本高，难以与国外农业竞争。

但说起农业规模经营，有些人误以为这是要又一次扫除家庭单干，再兴集体"大生产"。对此必须澄清。农业生产因其自然本性只适于个体家庭经营，这是近代以来全球农业发展史的一项宝贵经验。中国在发展农业规模化经营时，必须摒弃靠政府动员、行政命令归并农户土地以创建"大农业"的做法。中国农业的规模化经营必须以个体农户为基础，走家庭农场规模化经营之路。

要做到这一点，还需一个前提，即引导多数农村人口转入城镇和非农业领域。这也是各发达国家在农业现代化转型道路上的共同经验。不能实现这样的人口转移，无法显著降低农业中的人地比率，结果只能是土地占用的细碎化和农业发展的内卷化，农业规模化经营完全无从谈起。因此，农业规模化经营不是单纯的农业和农村问题，而是一个牵涉国民经济整体结构转型的问题，它的成功将取决于非农产业的持续成长和人口城镇化的扎实推进。

在强调家庭经营在农业生产中的优越性时还需注意一点，即家庭农场的效率优势仅限于直接农业生产过程本身，而在与直接农业生产过程相衔接的产前、产后环节上，即在农业的要素市场和产品市场中，无论个体农户的规模大小，都是弱势者。农户家庭经营之所以有效率优势，全在于农户家庭经营的内部激励特征与农业生产本身的技术经济特点恰好匹配。而在直接农业生产过程之外，这两方面因素的匹配不复存在。个体农户在获取投入要素和销售产品时面对的是各类工业制造商、商业贸易公司、金融信贷机构等非农业商务主体，后者的交易地位往往显著强于个体农户。尤其是在全球经济一体化不断推进的当代，主要农产品已成为国际化的大宗交易商品，各国农户都不同程度地卷入了全球农产品贸易的竞争。即使是北美、澳洲等地的大型家庭农场，在国际农产品市场中也只是被动的价格接受者，它们所面临的经营风险是任何个体农户都难以承受的。因此，强调家庭农场的生产优势并非意味着否定农业作为一个产业的整体弱势地位。目前，即使是在农业最发达的经济体中，个体农户在获得技术援助、争取资金保障、确保产品销售、规避市场风险、享受价格保护等方面，仍离不开社会和政府的多方支持。这方面的具体做法很多，如建立农户合作社、实施各种农产品价格保护和农业补贴政策、由政府和民间机构资助各类农业技术推广、提供农业保险等。不同的做法各有优劣，如何选用和搭配这些政策和体制，须根据各国自身的发展阶段、资源禀赋、人文传统等条件因地制宜，随时创新。

【国是我见】

全球化的倒退和两个三元悖论

汤铎铎 *

2016 年，在堪称"全球民主国家典范"的英国和美国，相继发生了令全球舆论大跌眼镜的重大事件。6 月，英国"脱欧派"在公投中获胜。11 月，美国共和党候选人特朗普在总统大选中击败民主党候选人希拉里，当选第 45 任美国总统。关于这两大事件的原因和影响，有很多分析和评论，可谓"仁者见仁智者见智"。不过，其中有一条线索却清晰可见，即很多评论者都将这两件事看作全球化进程中受损者的抗争。这无疑给全球化的进一步深入蒙上了一层深重的阴霾。

本轮全球化开启于 20 世纪 70 年代。布雷顿森林体系崩溃后，贸易和金融自由化浪潮席卷全球。然而，随着这一进程的不断深入，一系列大大小小的金融危机开始侵蚀全球化的根基。2008 年，肇始于美国华尔街的金融危机给世界经济造成巨大破坏。侵蚀全球化的另一股强大力量是贫富差距。在全球分工体系的不断分解和重构中，落入中等收入陷阱的不只是部分国家，还包括很多国家的中产阶级。

是时候反思全球化的理论和现实了。在经济理论中，有两个所谓三元悖论与全球化息息相关。第一个即所谓蒙代尔或克鲁格曼不可能三角，在这里我们称之为旧三元悖论。第二个是哈佛大学教授丹尼·罗德里克（Dani Rodrik）提出的罗德里克不可能三角，在这里我们称之为新三元悖论。后者的影响虽然远不及前者，却更为深刻。可以说，前者某种程度上只是后者的一个特例。同时，二者都具有一个重要特性，即三角可以退化为两极，其本质又都可以看作是一个二元悖论。

如图 1 所示，旧三元悖论是说资本自由流动、货币政策独立性和固定汇率，三者只可得其二。该三角形每条边都是一种政策组合。如果在资本自由流动的情况下还想要货币政策独立，那就必须让汇率浮动起来；如果在固定汇率下想要货币政策独立，那就必须实施资本管制；如果在固定汇率下还允许资本自由流动，

---

* 作者为中国社会科学院经济研究所副研究员。

图1 旧三元悖论

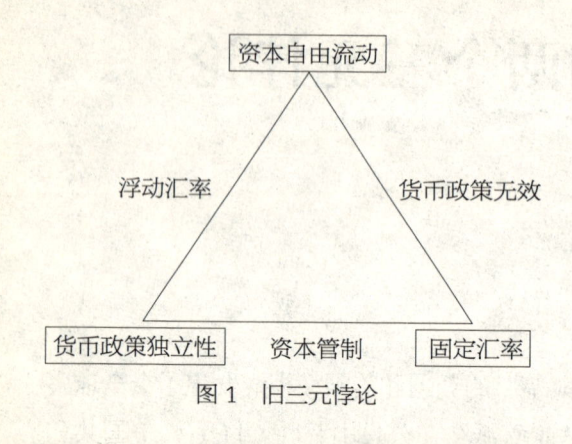

那就会丧失货币政策的自主权。

旧三元悖论已经是标准教科书内容，相关论述汗牛充栋，经济学专业学生耳熟能详，此处不赘述。然而，在2008年金融危机后，伦敦商学院教授海伦妮·雷伊（Helene Rey）指出，全球金融周期实际上把三元悖论变成了二元悖论，即当且仅当对资本账户实施管制的时候，货币政策独立性才是可能的。

雷伊强调，存在一个资本流动、资产价格和信贷增长的全球金融周期。这个周期和度量市场不确定性和风险偏好的波动指数（VIX）协同运动。一国资本市场的信贷流入越多，对这个周期就越敏感。全球金融周期和一国的特定宏观经济条件并不一致。决定全球金融周期的一个因素是中心国家的货币政策，因为它影响全球银行的杠杆率，以及国际金融体系的资本流动和信贷增长。因此，无论何时，只要资本自由流动，全球金融周期都会限制各国的货币政策操作。雷伊的研究将资本流动的力量凸显了出来。确实，当大量金融资本在国际上叫嚣乎东西、隳突乎南北的时候，单凭汇率调整显然无法完全消除其影响。政府为了避免国内经济遭受太大冲击，就需要调整其他变量，比如变动利率或者动用外汇储备，而这就会使货币政策丧失独立性。

旧三元悖论只是局限在国际金融领域。实际上，整个问题的探讨可以有更加宏大的背景和构造。对此，哈佛大学的丹尼·罗德里克提出了他的"不可能性定理"，即民主、国家主权和全球经济一体化是不相容的，三者只可得其二。

如图2所示，深度经济一体化、民族国家和民主政治分别位于三角形的顶点，该三角形的每一条边都是一种可能的组合。第一种选择是全球联邦主义，使得民主政治的范围扩大到全球市场。当然，这在现实中并不可行。欧盟代表这个方向的努力，但显然困难重重。英国脱欧公投的结果加剧了欧盟的分裂倾向。第二种选择是坚持民族国家，但是政府政策主要对世界经济的要求负责。19世纪的"金本位"提供了一个理论上的例子。当时各国唯一的任务是维持本币与黄金的比价，不用理会国内经济状况如何，也不去理会黄金在国际上的自由流动。当然，迫于各种压力，各国在现实执行上往往偷工减料。第三种选择是降低经济全球化的期望和雄心，政府政策主要迁就国内政治和经济状况。布雷顿森林体系庶几近之。该体系下资本流动受到管制，国际贸易也受到很多限制。

其实，不管是金本位制，还是布雷顿森林体系，抑或是欧盟，想要解决的问题是相同的。深度的经济一体化，需要消除国际贸易和国际资本流动所面临的交易成本。这些交易成本主要源自民族国家的存在。国界两边，司法、税制、金融系统以至社会文化的诸多不同，给经济一体化造成重重障碍。正是国家导致了主权风险，造成边界上管辖权的不连续，阻碍打造金融中介的全球监管和全球最后贷款人的进程。从这个意义上讲，新三元悖论也就从三角退化为两极，除非打破国家间的边界，使各国政府让渡出部分权力，否则深度的经济全球化就是不可能的，而这与一国实施的政治制度关系并不大。这正是罗德里克强调的全球化的致命弱点："政府是每个国家的政府，而市场却是全球性的。"

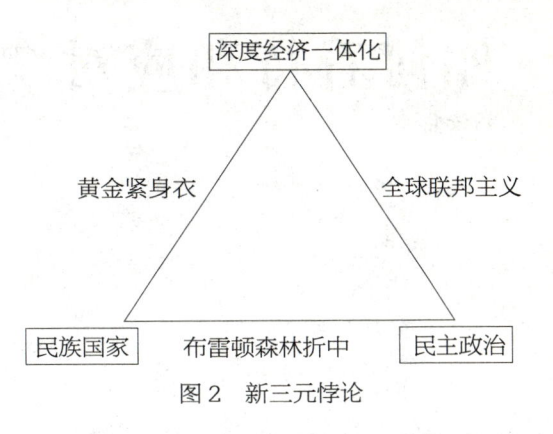

图2　新三元悖论

因此，对所谓全球化的倒退，不必哀叹，也不必恐惧。问题一直都在那里，任何尝试性的解决方案都是现实利益的妥协和折中，走向任何极端都会碰壁，激起反弹。理论上的新旧三元悖论只是揭示了现实的无奈，人类必须做出选择。本轮所谓全球化的倒退，也不过是下一个轮回和下一次尝试的开始。

如何看待和应对 TPP

杨汝岱 *

一年前,美国、日本等国宣布跨太平洋伙伴关系协定(TPP, Trans-Pacific Partnership Agreement)达成初步共识,这在国内引起了非常激烈的讨论。观点基本上可以概括为两大类:一种认为 TPP 对中国的影响非常小, TPP 离开了中国也难以成事;一种认为影响还是非常大的,尤其对纺织、机电等行业会造成冲击,需要积极谋求加入 TPP。当然,也有学者认为 TPP 是美国主导的、希望能排除中国的一个贸易组织,自然会对中国产生非常不利的影响。最近,随着特朗普当选美国总统,盛传特朗普上任后会退出 TPP,这在学术界引起了很激烈的讨论。本文无意对美国是否会退出 TPP 做简单的猜测,笔者认为这种短期的政策波动并不会改变全球经济的长期运行轨迹。笔者希望以 TPP 为切入点,从学术的角度讨论后 WTO 时代全球贸易发展新格局。只有从理论上对全球贸易规则的形成做更深入的分析,才能更好地理解全球贸易格局,才能使我国在更长的时期内更好地谋求国际贸易定位。

一、TPP 成立的理论基础与背景

我们首先从理论逻辑上简要讨论 TPP 诞生的原因,这对于思考应对之策至关重要。理论上看,经济学研究有限资源的有效配置,而国际贸易学科从国家层面研究有限资源的有效配置。1800 年之前的一千余年间,世界各国人均产出基本维持不变,而最近 200 年来,全球人均产出快速增长,人们的生活水平得到大幅提升。造成这一变化的原因之一就是国际贸易。大航海时代之前,每块大陆都是相对封闭的,由于各方面的原因,每个地方的生产率和资源禀赋都不尽相同,都有

---

* 作者为北京大学国际经济与贸易系副教授。

自己的稳态。整体而言，这种稳态大都是低水平的，有的地方缺资本，有的地方缺劳动，有的地方缺技术。随着大航海时代的到来，要素流动以及国际贸易商品流动背后所体现的要素流动，使得跨国资源配置效率迅速提高，全球经济开始脱离"马尔萨斯"稳态进入快速增长阶段。这种跨国资源配置效率的提升最早体现在早期发达国家，一旦发达国家之间配置效率改善的潜力挖掘到一定程度，就开始向发展中国家扩散，全球化进程不断加快。经济繁荣伴随国际贸易规模越来越大，涉及贸易伙伴也越来越多，各自为政已经不足以保障全球正常的经济秩序，急需一个组织能够协调各国之间的贸易冲突。正是在这种背景下，关税与贸易总协定（GATT）于1947年成立，并逐步发展为一个全球性的有关关税与贸易规则多边国际协调的组织，且于1994年更名为世界贸易组织。

国际贸易的发展是希望从国别层面挖掘改善资源配置效率的潜力，而世界贸易组织正是从关税、非关税壁垒等方面协调各国利益诉求，制定全球性的贸易规则，促进全球经济发展。随着经济的不断发展，贸易总量不断增加，降关税等纯粹的贸易措施已经不足以带来快速的贸易增长，而多边谈判的成本却越来越高。尤为重要的是，全球经济发展到现在，单纯从WTO的定位（基本只谈贸易问题）和议事规则（多边谈判一致同意）来看，WTO逐渐面临发展瓶颈。因此，从20世纪90年代开始，以北美自由贸易区为典型代表的地区性贸易组织迅速发展。地区性贸易组织规模较小，谈判成本较低，而且谈判内容逐渐多元化。最具典型的例子是欧盟的成立。最早的欧共体是一个较为松散的经济共同体，出于改善资源配置效率的需要，逐渐成为一个集经济、军事、政治等多方面的联盟体。TPP正是在这样一个背景下诞生的。WTO框架下单纯从贸易政策方面的谈判已经很难再挖掘经济增长的潜力，在新加坡等国家的发动下，希望能成立一个合作内容更加多元化的组织，能更好地促进资源在成员国之间的有效配置。随着美国、日本的加入，TPP的影响力越来越大，现在的规模包括12个国家。

由此可见，从理论上来看，WTO发挥作用的空间必然会越来越小，而TPP的产生同样有其必然性。国际贸易发展的过程就是在一定规则下，以产品流动带动（体现）要素流动，从国家层面不断挖掘资源配置效率改善潜力的过程。一旦这一规则下资源配置效率改善潜力被挖掘殆尽，就必然要求制定新的规则，寻找新的增长潜力。对于一个深度参与全球贸易的国家而言，当全球化发展到今天，要想保持或超越原有的经济发展速度，无非两个思路。一个是从更深层次继续参与全球分工，TPP 就是这一背景下的一个很好的尝试，中国的"一带一路"、亚投行等政策也是一个尝试；还一个思路当然就是加大内部资源配置改革力度，提高配置效率。从这一角度来看，即使美国现阶段退出 TPP，也不会改变全球贸易格局重构的现实和趋势，一旦其内部改革不能达到预期目标，或者说内部配置效率改善的收益低于国际市场，深度参与全球化仍然是其最优选择。

二、TPP 对中国的影响

作为一个以自由贸易为核心的协定，我们简单评估 TPP 对中国对外贸易发展可能带来的影响。经济学家一般赞同 WTO 框架下的多边谈判体系而反对地区性贸易谈判，这是因为，从全球角度看，地区性贸易组织成员国内部的关税削减，很可能并没有带来全球意义上的贸易创造，而只是贸易转移，即本来从非成员国的进口转移到从成员国进口，这对全球福利改进并没有促进作用，却徒然增加谈判成本。那么，TPP 的签署会不会使得 12 个国家本来是需要从中国进口的商品转移到从内部进口呢？这需要对这 12 个国家与中国的出口产品结构进行综合分析。我国与美国、日本等发达国家，与澳大利亚等资源型国家有着大不相同的出口结构，即这些国家出口的产品和中国出口的产品类型存在较大的差异，也就无所谓贸易转移问题。因此，如果一定说有贸易转移的话，就更有可能是发生在中国与越南、马来西亚、墨西哥之间。即由于内部关税下降，TPP 成员国本来从中国进口的产品会转向从这三个国家进口。但是，进一步分析可以看到，马来西亚和越南有很大一部分的出口商品是橡胶、非金属矿产品等资源型产品，与中国有竞争的商品主要是电子产品，而电子产品市场竞争非常激烈，早在多年前关税就基本上下降到零了，很难形成贸易转移。墨西哥是与中国出口结构最为相似的国家，最有可能产生贸易转移，不过，由于墨西哥和美国、加拿大早就签署了北美自由贸易协定，内部关税基本不会再有下降空间，也就难以出现美国和加拿大本来从中国进口的商品转向从墨西哥进口了。至于日本，与中国已经建立了非常密切的经贸联系，其放弃中国市场转而从墨西哥进口的可能性也比较小。由此来看，TPP 的签署，从贸易的角度看，基本上不会对中国造成太大的冲击，即不太可能出现因为 TPP 使得中国出口额大幅度下降的现象。

但是，由于 TPP 协议国家之间不只是在谈自由贸易问题，更重要的是在谈投资、政府采购、知识产权保护、财政政策等，这些规则的谈判不但有利于贸易扩张，也可以达到以开放促改革的效果，有利于国家内部配置效率改善。因此，TPP对中国，甚至对全球经济的影响，不能只看贸易，还得从更多的角度来思考。如果TPP真正能够实现协议国内部诸多规则的协调，改善协议国之间和国家内部的资源配置效率，就将在很大程度上促进内部要素流动，促进经济发展，这对于中国乃至世界都将产生非常大的影响。

三、如何应对TPP

既然TPP不会对中国出口造成大的冲击，其他方面的影响暂时还停留在理论讨论层面，那我们要如何应对呢？前文已经分析过，全球贸易发展到今天的规模，如果还继续拘泥于单纯贸易领域的协同合作，是很难继续从国别层面挖掘资源配置效率改善的潜力，促进全球经济增长的。这也是WTO模式日益面临困境的根本原因。正是在这一背景下，TPP从提出到现在初步达成协议，将谈判领域扩展到贸易、竞争政策、知识产权、政府采购、劳工保护甚至国家治理等诸多方面。这种方式一度被认为会侵犯成员国主权，从而使得中国一直对此态度谨慎。笔者认为，这种担心有些过度了，基于以下原因，我们认为应该积极争取加入TPP。首先，TPP代表了一种国际合作的新模式，有很好的前景，越早加入，就会有更大的发言权，甚至主导权。新时代的国际经济合作，已经不能简单停留在贸易层面，而需要从更深层次的制度层面挖掘合作潜力，中国已经离不开世界，TPP更是离不开中国，只要中国态度积极，一定可以找到平衡点，互利共赢。其次，中国的发展已经到了一个关键时刻，改革压力很大，改革理念与倒逼机制相结合，才能有效地推进各项改革事业，更好地促进中国经济发展。最后，政治制度有差异，但国家治理能力和理念是可以不依赖于政治制度的，TPP完全有可能创新一种新的、更具普适性的介于WTO和欧盟之间的国家间合作模式，这对于提升我国国家治理水平大有裨益。

总结一句话，不加入TPP并不会对中国有多大的不利影响，如果加入TPP，却能够从国家现代化治理能力、国际话语权等方面给中国带来诸多好处，也能够以开放促改革，加快我国经济市场化改革进程，从这一角度来看，我们应该积极谋求加入TPP，以开放促改革、促发展。

《最低工资法》的经济后果
——兼论如何保护工人利益

赵世勇*　宋文博*

最低工资立法是价格管制

宋文博（以下简称宋）：很多的国家和地区出台了《最低工资法》，并且不断提高法定的最低工资标准，目的是为了保障低收入者的权益，这项法律听起来非常具有人道主义精神，它到底能否帮助减少失业？能否真正保护工人的利益？

赵世勇（以下简称赵）：《最低工资法》是为了保护工人的利益，一定程度上反倒会伤害穷人。比如，一个人愿意每月拿1000元工资从事一份工作，而雇主也愿意出1000元雇佣这个人，这本来是双方自愿的一个帕累托改进的过程，可是政府说了，一个月1000元哪能生存呢？于是立法，规定最低工资每月不低于1500元。可是在1500元这个工资水平上，雇主就不愿意雇这个人，那么这个人连1000元都拿不到，他失业了。你说，这个《最低工资法》是帮助了这个人，还是害了这个人？当然，如果立法规定的最低工资标准低于1000元的话，自然对劳动力市场毫无影响，这不在我们探讨的问题之列。我们探讨的《最低工资法》，都指的是法律规定的最低工资过高，高于劳动力市场的均衡水平。也就是说，《最低工资法》相当于一个劳动力市场的价格管制。

宋：《最低工资法》到底对哪些人有利呢？

赵：对既得利益者有利，也就是说，对那些已经找到工作的人有利。《最低工资法》相当于通过排除一部分人进入劳动力市场的办法，减少了劳动力供给，这样可以维持一个较高的劳动力价格（工资），自然对已经有工作的人有利。我们可以看美国，最低工资法的压力来自于哪里？你可以看看是哪些人在国会作证，主张提高最低工资？他们不是穷人的代表，他们大多是有组织的劳工，比如劳联——

---

* 作者赵世勇为澳门科技大学商学院副教授；宋文博为澳门科技大学商学院本科生。

产联（AFL—CIO）和其他工会组织的代表。他们的工会，没有一位成员的工资接近法定最低工资（都远远高于法定最低工资）。根据2010年诺贝尔经济学奖得主莫滕森（Dale T. Mortensen）的说法，工会成员的工资一般比非工会成员的工资高10%—15%。欧洲的最低工资高于美国，欧洲的工会力量也是无比强大，导致的结果是，欧洲的失业率也是居高不下。

宋：既然他们的工资水平远高于法定最低工资，那么他们鼓吹提高最低工资水平对他们有什么好处呢？

赵：他们赞成最低工资水平的提高，嘴上说要帮助穷人，实际上是为了保护自己的工会成员免受竞争的威胁。一旦最低工资提高，迫使老板歧视那些低技能的工人，等于把那些低技能的人远远排除在门槛之外。剥夺了低技能的人获得工作机会的权利，等于剥夺了他"干中学"的机会，剥夺了他的职场上升空间，也就剥夺了希望，实际上是非常残忍的。没有人会这样说，但事实和真相就是这样。为了说明这个道理，我们再举上面那个例子，假设一个没有受过良好教育的低技能的年轻人，他的劳动力只值1000元，他迫切想要得到这份工作和工资，以便获得更高的技能来做更好的工作。法律却说，任何人要雇佣他，工资不能低于1500元。在这种情况下，除非老板想做慈善（捐助500元），否则不会雇佣他。对于这个年轻人来说，得到1000元工资和失业，哪个更好呢？所以，对于低技能的工人来说，《最低工资法》"虽曰爱之，其实害之"。

宋：也就是说，欧美各国一直以来的失业率，很大一部分是拜《最低工资法》和工会所赐？

赵：可以这么说。我们不妨看看美国的情况。在美国，年轻人的失业率很高，尤其是黑人青年的失业率更高，这成为社会不安的一个重要来源。造成这个局面，《最低工资法》"功不可没"。"二战"结束时，美国的最低工资是每小时40美分。战时的通货膨胀使得这个最低工资标准，换算成购买力后对劳动力市场的影响微不足道。后来最低工资大幅提升为1950年的75美分，以及1956年的1美元。20世纪50年代初，美国年轻人的失业率平均为10%，而全部劳工的失业率平均为4%——对于刚刚踏进劳动大军的人来说，10%的失业率并不算太高。而这个时候，白人和黑人青年的失业率大致相同。最低工资急升之后，白人和黑人青年的失业率都相应急升。更重要的是，白人和黑人青年的失业率差距拉大，黑人青年的失业率高于白人青年20个百分点！经济学家弗里德曼（Milton Friedman）就认为，最低工资法几乎是美国最歧视黑人的法律，法律使得雇主不得不歧视技能缺乏的黑人，因为除非他们的生产率超过最低工资标准，否则雇主不会雇佣他们。这些黑人青年原本就因为没有接受较好的教育，而缺乏足够的技能。然后，政府又立法阻碍了他们获得工作锻炼的机会，而这些机会是他们本可以在雇主能支付较低薪水时获得的。这些薪水虽低却能提供锻炼机会的工作，能够使他们得到提升，并为将来找到待遇更好的工作铺路。今天，欧洲的最低工资水平较高于美国，失业率也高于美国。莫滕森在接受网易财经专访的时候提到，在丹麦，法律规定的最低小时工资是 20 美元，这个水平是美国的两倍还要多，这导致了招聘活动非常少。

劳动力市场的本质

宋：很多人觉得，工人是弱者，容易被老板欺负，政府应该帮助工人争取他们的利益。《最低工资法》的出台，有很大原因是出于这样一种帮助弱者的善意。

赵：我觉得这里面有个误解。老板和工人，是劳动力市场上的买卖双方，他们之间是相互成全的合作关系，而不是相互对立的竞争关系。市场是自由的，买卖双方是平等、自愿、互利的，因为任何一方都无法强迫另一方签订合同：郭台铭没法逼迫工人为富士康工作，工人也没法强迫郭台铭雇佣他。老板和工人，无所谓弱者强者的问题。你去买土豆，你是弱者，还是卖土豆的是弱者？人们先天把资产少的一方视作弱者，于是认为老板有钱就是强者，工人没钱就是弱者；房东有房子，就是强者，房客需要租房，就是弱者。这是一种纯粹从感情出发的想当然。资产的多寡跟市场买卖双方签订合同，是没有关系的，资产多寡不是问题的本质，不是政府出面帮助所谓弱者的理由。如果非要指出某一方是弱者，那就是因对方违约而受损的一方，受损的一方有可能是工人，也有可能是老板。老板拖欠工资，工人就是弱者；工人不辞而别，导致订单完不成，老板就是弱者。这个时候，如果受损一方诉诸政府等第三方，第三方再介入不迟。再者，善意并不是那么重要，重要的是效果。亚当·斯密说，"我们的晚餐，不是来自面包商、酿酒师和屠夫的善意，而是来自他们对自身利益的关切"。自私谈不上高尚的善意，可是市场的运作可以使大家各得其所，带来社会的繁荣和生活水平的提高，这才是最重要的。只有美好的善意，却好心办坏事，又有什么值得称道的呢？这就是孟子说的，"徒善不足以为政，徒法不能以自行"。

谁来保护工人利益？

宋：那既然政府立《最低工资法》无助于解决失业问题，那么谁来保护工人的利益？

赵：答案很简单：企业之间的竞争。这依然是最基本的经济学道理，你要保护买者的利益，最好的办法是让卖者之间竞争；反过来也一样，你要保护卖者的利益，最好的办法是让买者之间竞争。政府如果想增加就业，最好的办法不是立法，而是尽可能促进企业之间的竞争，让更多的企业涌现出来，相互竞争工人。这样，不用任何一个机构来替工人说话，市场的竞争自然会提升工人的工资和福利水平。你看中国近些年来农民工的工资，年均增长20%以上。"二孩"政策放开以后，月嫂的薪酬也是一路猛涨。根据新闻报道，在深圳，月嫂月薪普遍在7800到10800元之间，一些因月子餐做得好的，可达2万元以上。甚至有些商界白领也辞职加入到月嫂培训行列。请问：谁保护了这些月嫂的利益？工会？妇联？街道办？居委会？当然是市场的力量。

宋：您的意思是说，政府要促进就业，最好的办法是，促进创业，让更多的老板涌现出来。这有点"功夫在诗外"的意思。

赵：政策制定需要分析，需要推理，需要逻辑，需要经验，不能仅凭直觉和感情，也不能靠投票。一般人的直觉是，要保护工人，就要提高他们的工资。可是他们不知道，或者忘记了，工人的工资，表面上看是老板给他们的，实际上是由市场竞争决定的。当很多企业都来争抢他的时候，他的工资自然会得到提升，根本不用自己操心。否则，政府强迫企业加薪，是毫无道理的，也是没有真正效果的。政府要帮助穷人，要增加就业，最好的办法是降低企业家创业的门槛和成本，比如减少苛捐杂税，减少设租寻租。逼走了郭台铭，对富士康的百万工人有什么好处？过度约束老板，最终既损害了老板的利益，也伤害了工人的利益。而且上有政策，下有对策。如果法律规定老板不许解雇底层工人，那么老板想解雇一个人，就可以把他的职位提升，然后合法地把他解雇。

宋：有很多人认为，技术的进步、机器的出现（比如机器人），导致很多工人失业，伤害了工人的利益，导致失业率增加，您怎么看？

赵：技术进步带来生产率提高，对整个社会而言，毫无疑问是好事。具体到某个行业，技术进步使得机器取代部分工人，从而导致该行业内一些工人失业，也是事实。但是，从整个社会来看，动态上技术进步不会带来失业率的提高，道理是某个行业富余的工人可以在新的行业找到就业岗位，失业只是暂时的。牛、拖拉机和电脑都曾取代了大量人工，但结果是人的工作种类越来越多，挣钱机会越来越多，劳动力价格持续上涨。再比如，网络技术进步使得很多实体店倒闭，但是网店数目增加，同时快递火了（中国的快递业务量从2011年的36.7亿件增长到2015年的206.7亿件）。这就是所谓的"东方不亮西方亮"，结构上会有暂时性的失业，但总体上就业是增加的，工资是提高的趋势。我住的小区十几年前招保安，条件苛刻：男，1.75米以上，25岁以下。现在的条件：男，60岁以下，年龄还可以商量。这就说明年轻人有了更好的工作机会，总体就业状况随着技术的进步在改善。比如在美国，随着农业技术的进步，美国大约只有1%的人口在农业部门就业，那么另外的99%的人口并没有因此而失业啊。如果为了维持暂时的就业而刻意抵制新技术，是得不偿失的。创造财富才是目的，就业只是手段。技术进步使得生产率提高，可以在同样的时间内创造更多的产出，那么节省下来的人工就可以去开展服务业，满足人们更多的需要，所以随着技术的进步，服务业的比重会越来越大。如果只是为了消灭失业，创造就业，那么政府雇佣一万人挖沟，再雇佣一万人填上，这就解决了两万人的就业，可是这样做有什么意义呢？

宋：总结一下的话，工人利益的保障，除了工人提升自身的人力资本外，剩下的就是看市场的力量了，政府在这个方面帮助不大，对吗？

赵：是的。失业本质上是一个市场和信息问题，就业的问题最终还是要靠市场来解决，或者说靠企业家来解决。企业家天生具有敏锐的"嗅觉"，他们敢于冒险，善于发现机会。一旦他们发现了机会，开发了机会，必然要雇人，必然会创造就业机会。因此，政府要"保护"的不是工人，而是企业家；要做的不是去立法保护工人，而是应该尽量降低企业家创业的成本。重复一遍，工人利益的根本保护，靠的是企业之间的竞争，而不是政府的法律法规和对劳动力市场的过度干预和管制。

作者、编辑与审稿人

王 军*

如果说好的学术期刊可以通过口碑相传的话,那么,作者、编辑和审稿人则多少带些"黑匣子"的味道。虽然一些机构会定期发布期刊排序和影响因子的报告,作者、编辑和审稿人之间的关系却不易观察到,一般读者对他们更是知之甚少。本文希望从经济学角度梳理他们的角色和相互作用,一窥影响和决定期刊质量的微观力量。

一、作者和编辑:互动与结果

通常,一份运行良好的学术期刊会涉及三个当事人:作者、编辑和审稿人。尽管动机不一,偏好也不尽相同,但他们都会对期刊和文章的质量施加影响。在三方关系中,作者意在"发信号":通过论文发表,最广泛地传播研究成果,最有效地证实学术能力。而编辑(部)则需对投稿进行识别和筛选:一是将看起来不错的稿件选出来;二是选择合适的审稿人。至于审稿人,在提供专业意见的同时,也会将自己的观点呈递给编辑(部),最终影响作者。

站在作者角度,选择什么期刊发表自己的论文取决于期刊质量、投稿时滞以及稿件被接受可能性等问题上的权衡。尽管作者都希望论文发表在有影响力的期刊上,但稿件较长的评审过程也会让一些作者等不起,尤其对那些缺乏耐心和厌恶风险的作者更是如此。有经济学家曾质疑这种冗长的审稿过程是否必要,认为这会造成不必要的损失;另一些则意见相左,指出匿名评审过程以及评审费的设置能够有效阻止大量平庸的投稿,减轻编辑(部)的无效劳动。

一般情况下,作者无法确保稿件被心仪的期刊所接受,更别提何时发表了。

---

* 作者为天则经济研究所客座研究员、教授。

用经济学的行话说便是，稿件能否刊出纯属外生变量。其实，过五关斩六将，稿件最终得以刊发并不算最坏的结果，还有更糟的，那便是折腾多次仍被拒稿。对缺乏耐心的作者的分析表明，他们会根据期刊风格与质量的把握以及耐心程度选择一个最优的投稿路径。一个大致正确的假定是，稿件被接受的概率主要是由稿件自身的质量决定的。当然，评审过程也可能存在瑕疵，如编辑（部）或审稿人未能恰当地处理稿件。

依目前国际经济学界的通行惯例，除去审稿费用以外，作者还需承受与稿件相关的其他成本，即漫长的等待以及按照审稿意见反复不断且消磨耐心的修改等。等待已成为作者需要面对的最大成本，越是高质量期刊，排队等候的时间也越长。30年前，投稿到国际一流经济学期刊仅需6—9个月便可接到用稿通知，现在大约需2年时间，这还没有包括从接受到发表的时间。如今，在国际著名期刊发表论文，从投稿到最终刊出花上4—5年时间是常有的事儿。尽管如此，排队等候的人数并未消减，作者耐心也未消失。因为他们清楚，稿件被顶级期刊发表所产生的回报是十分丰厚的，如获得研究机构的青睐和永久职位等。

当然，期刊也面临一些棘手问题，如投稿量大和有限的审稿资源等，为此，编辑部需要引入动机机制以缩短审稿过程。对于优秀期刊而言，收取适当的审稿费可减少低质量的投稿，同时稿件处理过程的加快还可吸引更多高质量的稿件。

这里存在一个有趣且极富经济学意味的现象。编辑部的延误，特别是所谓"第一反馈时间"（first response time），即编辑部做出第一个决定所需的时间，可能推迟作者文章发表产生的收益，这正是作者投稿成本的主要部分。如果编辑（部）减少拖延，迅速做出第一个决定，会吸引更多低质量的文章，尤其对于那些高质量的期刊而言，过多的投稿会使得编辑（部）和审稿人的工作不堪重负。从整个社会角度看，拒绝率的增加将导致文章最终发表前遭遇更多的否决，这又抵消了编辑（部）缩短第一反馈时间所带来的社会收益。结果，尽管吸引到更多投稿，但从社会角度来看，稿件处理速度的加快反而具有负面效应。换句话说，理论上存在一个最优的审稿节奏，快了不对，慢了也不是。

从编辑（部）的角度看，寻找优秀稿源是编辑（部）的工作，这种寻找是连续不断的。在每个阶段，各个编辑（部）都会收到投稿并就接受或拒绝做出决定。一般而言，编辑（部）彼此间也存在差异，如一些编辑会比其他编辑更为苛刻和严谨。编辑（部）的构成情况，作者则会自行选择适当质量的文章进行投稿，以最大化其效用，比如作者投稿前会揣摩期刊的风格和要求，并对文章质量有个大致推断进而决定是否投稿。

为更清晰地说明作者和编辑间的关系，可以借助微观经济学中的 Stackelberg 博弈模型来加以说明。假定期刊具有某种市场力量，那么，编辑实际扮演着领导者的角色，而作者扮演着追随者的角色。就某一具体期刊而言，作者的目标函数是其出版物的数量最大化，并因此获得由被引频次决定的学术影响力。编辑追求的目标则是将其登载文章的质量最大化，同时考虑到作者的行为以便最大化期刊的声誉。通过模型分析发现，那些旨在提振学者生产力的规则，如为获得永久职位需要高标准文章的要求，会改善作者的被引频次和期刊质量。但是，编辑追求期刊知名度的努力可能会损害期刊的质量，特别是当编辑试图通过增加发文量来吸引更多的关注和投稿时，期刊的质量便无法保证。这就意味着，编辑打造期刊声誉和追求关注度的努力需特别小心，如果过度追求发文量，那么影响因子极有可能降低。毕竟，高质量稿件在一定时期内总是有限的。

如果不考虑作者，仅考虑编辑（部）成员对期刊质量的影响，这一问题同样有趣。有研究发现此时可能出现三种均衡。当编辑（部）都不怎么严谨时，或诸位编辑对稿件质量的认识出现较大偏差时，期刊的投稿量会很低，发表的文章质量也不会高。如果编辑部由相似且足够严谨甚至挑剔的编辑组成时，那么杂志经常会刊出高质量的文章。处在二者中间时，会出现混合均衡，期刊既会收到优秀稿件也会收到差的文章。按照这种观点，整齐划一、拥有相似背景甚至近乎同质性（homogeneity）的编辑队伍是确保期刊质量的必要条件。

二、编辑和审稿人：作用与局限

现实中，编辑（部）对稿件的影响很大，毕竟刊物的宗旨和使命是由编辑（部）来执行的。几个关键环节，如遴选匿名审稿人，接受还是拒绝以及何时刊登什么文章都是由编辑（部）决定的，作者和审稿人通常并不掌握这些细节。

为弥补编辑部知识和信息方面的缺陷，学术期刊通常会采用同行评议（匿名审稿）的方式来遴选合格稿件，这是国际学术界的通行方式。需指出的是，审稿人和编辑对文章质量施加着不同的影响，审稿人的意见能够增加文章的价值，如帮助提高论文发表后的引用情况，编辑在此方面的作用却微乎其微。不过，编辑的真正贡献类似于"红娘"或匹配（matching），即将经过筛选的论文交由具有称职的审稿人处理。此外，编辑（部）还需考虑是否对审稿人付费，这涉及审稿人专业服务的定价问题。这看似简单，却蕴含着许多经济学问题，已引起学者的关注。

当然，编辑也存在偏袒的倾向，如有学者注意到编辑更愿意发表同事或学生的论文，导致一些瑕疵论文的刊出。一项针对《美国经济评论》的研究发现，双向匿名审稿和单向匿名审稿对稿件接受率有不同的影响，如果审稿人不知作者是谁，那么审稿人通常会更加挑剔，稿件的接受率较低，这一点与作者的性别无关。不同的审稿制度对那些一流研究机构的投稿和一般机构的投稿基本上没什么影响。不过，在双向匿名审稿时，那些非一流机构和非学术机构投稿被拒绝的可能性会更大。

对国际一流经济学期刊的统计表明，不仅作者和机构存在集中的趋势，而且编辑在机构和地理两个维度上也有集聚的特征。越优秀的期刊，这些特点就愈明显。例如，2000—2003年美国《经济学季刊》发表的文章中，4个精英研究机构（麻省理工学院、普林斯顿大学、芝加哥大学以及哈佛大学）贡献了40%以上的篇幅，另两本期刊《美国经济评论》和《政治经济学杂志》情况也类似。目前，全球排名前30的经济学期刊中，70.8%的期刊编辑来自于美国，12所美国大学占据了其中的38.9%。这些现象令人担忧，因为编辑和作者的过度集中会造成"近亲繁殖"，损害研究的推陈出新。

毋庸置疑，学术期刊的质量和声誉离不开高质量的编辑和审稿制度。只是，匿名审稿制度并非万能，对它的批评从未停止。例如，许多经典论文曾发表在同行看来并非优秀的杂志，如给科斯带来诺贝尔奖的两篇论文都不是国际一流期刊首发的，一些后来被证明极其重要的研究论文在匿名审稿制度下被拒绝发表，而许多平庸文章在著名期刊上却屡见不鲜。导致这种离奇现象的原因，除去编辑和审稿人的误判，还有作者对于期刊的不同认知和偏好，这些心理因素会使那些外人看起来不那么卓越的刊物在作者心中占据优先位置。

美国经济学会主办的《经济学展望杂志》（*Journal of Economic Perspectives*）曾刊出一篇有趣文章[1]，作者征集到140位一流经济学家的投稿经验，并对他们的发表逸事进行了归纳。其中，多位诺贝尔奖和克拉克奖得主在成名前都有论文

---

[1] Gans, J.S. and Shepherd, G. *How Are The Mighty Fallen: Rejected Classic Articles By Leading Economists. Journal of Economic Perspectives*, 8, 1994, pp.165—179.

被拒经历，如诺奖得主保罗·克鲁格曼（Paul Krugman）声称其60%的论文首次投稿即遭拒绝，另一诺奖得主乔治·阿克尔洛夫（George Akerlof）回忆其代表作《柠檬市场：质量的不确定性与市场机制》的面世遭遇。这篇已成为标准经济学教科书不可缺少的文章，最初发表时，却因过于"琐碎"先后被三本不同期刊拒绝。由于当时已有不少学者开始关注和研究柠檬市场问题，因此，阿克尔洛夫十分着急，担心其他人的研究抢先刊出，而自己的成果被打入冷宫。当人们得知这些细节之后，都为阿克尔洛夫捏一把汗，因为他差一点就被埋没了。可以说，几乎每一位经济学家都曾有过稿件被拒的经历，即便那些日后获得诺贝尔奖的大师级人物也未能幸免。

在作者与编辑和审稿人的互动中，可能出现一种令作者为难的情况：要么坚持自己的学术观点，对审稿意见据理力争，要么文章被拒。作者有时需要做出很痛苦的选择。如果作者"卑躬屈膝"地按照审稿人的要求修改论文，那么文章发表的机会就会增大，但这会导致作者滥用自己的智力。知识滥用的一个极端情形是编辑职能的异化和匿名审稿的缺失，比如付费就能发表。这一情况的出现不分中外，也不仅仅出现在经济学研究领域。

由于审稿人对期刊或文章并不拥有产权，因此，审稿人与编辑部和作者目标函数不同也属正常。知识的滥用无论对于知识的生产者还是消费者而言都是无益的，不过，只要机制设计合适，知识的滥用可以减少。例如，假定编辑部拥有杂志的产权，那么，编辑部就应该对一篇文章是否发表做出小心的判断，审稿人的意见不过是参考而已，作者可以不同意审稿人的建议。但无论怎样，编辑部都应在稿件是否刊发这一重大问题上居主导地位，不可完全听任审稿意见。如此的制度安排可以减少知识滥用，同时产生更多原创性的作品。

值得一提的是，学术期刊还存在约稿的情况。当编辑（部）希望就某一话题出版论文专辑时，约稿是常用的方式。约稿的好处是，能集中各位专家的研究心得，引领学术思潮。前提是，编辑（部）知晓并能捕捉学术热点，掌握相关作者信息。约稿提高了效率，关键是编辑和作者间的信任和默契。美国经济学会下属两份期刊《经济学展望杂志》和《经济学文献杂志》（Journal of Economic Literature）就常年约稿。两份杂志目标使命不一，但几乎每期都有一个主题，在全球拥有无数拥趸。

总之，作者、编辑与审稿人对于学术论文和期刊的质量具有决定性的影响，这种影响是事前的,而影响因子等衡量期刊质量的统计指标不过是这三股力量形成"化合物"的事后表现和结果。当然,我们还应清醒地意识到,决定期刊质量和影响力的最终力量还在于学术文化和学术传统等因素。

三、结束语

如果说高质量学术期刊可以用高引用率来衡量的话,那么,其背后一定存在决定这些统计变量的微观力量。尽管作者、编辑和审稿人的互动通常不是一个可计算的统计变量,但三者间存在着紧密的信息传递关系,他们相互掣肘,形成一种内部机制,共同影响和决定着文章和期刊的质量。

经济学是研究人类行为的一门学科。一个清楚的事实是,经济学家自身的行为也需要从经济学角度来加以研究,这便是"经济学的经济学"这一新兴领域存在和兴起的理由。除去本文涉及的话题,这一领域还有许多有趣的问题。如为什么经济学家在合作发表学术论文时,会采用姓氏的字母排序进行署名,究竟是什么因素决定了一个学者型经济学家的成功;学习和研究经济学会对自身行为产生什么影响;经济学家是否更自私;等等。这些问题令人顿生欲说还休,欲言又止的感觉。或许,这需要另行撰文加以说明。

大学智库：价值中立性与独立的价值倾向性

李文溥*

智库的基本功能在于决策咨询。因此，与其他研究机构相比，智库的价值倾向性更为明显。另一方面，智库如果希望它的政策研究具有较高的质量，不能不重视其研究的科学性与价值中立性。没有客观的学术研究，智库的政策咨询水平将难以得到保障。但是，现代社会选择理论（The Theory of Social Choice）指出，不存在可加总的社会总效用。在社会经济政策操作中，不可能做到所谓的"社会利益最大化"，所能存在的只是各种社会集团之间的利益博弈，因此，任何政策都只能是对特定社会集团某种利益诉求的一种价值肯定或价值否定。在现实中，那种没有价值取向的所谓"科学的"政策咨询是一种根本不可能存在的乌托邦。

智库的政策咨询能够影响政策，在于政策制定者认可、接受、采纳它。不得不承认，能够获得认可、接受、采纳的政策咨询建议，不仅要求较高的学术质量，而且还必须与政策制定者形成一致的价值取向。使政策制定者能够接受这种价值肯定或价值否定。智库产生政策影响的重要基础之一是智库与政策制定者之间的价值一致性或价值相容性。

智库与政策制定者之间的价值取向一致性，目前在政府所属的研究机构中基本上是不成问题的。各级政府部门所属的研究机构，与政府主要领导的思想保持基本一致，可以说是其发挥智库作用的重要前提之一。

但是，这在很大程度上也就使之失去了智库的基本功能，转化为政策决定者的笔杆子、政策阐释者而非真正意义上的政策咨询者。

在多元政治体制下，这一问题在一定程度上可以通过各种政治力量所属的智库之间不同政策主张之间的辩论来解决，使不同的政策选择在政治博弈中有可能进入决策者的视野，使那些虽然在价值取向上与政策制定者一致但质量低劣的政

---

* 作者为厦门大学特聘教授。

策建议在政治过程中被否决或得以修正。

在中国目前的情况下，地位相对超脱的大学智库也就因之显得特别珍贵：它可以站在相对中立甚至相反的立场上提出政策建议。这在一定程度上弥补了大量政府研究机构或准政府研究机构研究的短板。从这一点上说，在中国目前情况下，大学智库对于提供不同政策选择方案，对于提高政策咨询的质量，作用非常重要。

当然，这一切取决于大学智库的相对独立性。但是，大学智库的相对独立性并不会因其大学智库的身份而自动获得。如果缺乏合理的制度安排，大学智库也可能丧失其相对独立性而沦为政策制定者的附庸。如果这样，那么，大学智库的副作用甚至会超过政府的研究机构。因为，大学智库的伪独立性将给政策制定者以更多的"科学"幻觉和错觉，使其建议更容易被接受。

除了必不可少的政治宽松和社会宽容气氛，大学智库在制度安排上，必须充分保障其研究的中立性及价值取向的独立性。

笔者认为，最根本的制度安排就是"三不一要"：不表彰，不考核，不根据业绩（至少是短期业绩）决定拨款，要无为而治地养一批"踱方步的闲人"。

首先，不表彰，即不根据所提供的政策咨询报告或政策建议是否被采纳对大学智库的研究人员予以奖励及表彰，不以所提供的政策咨询报告或政策建议是否获得政策制定者的批示论英雄。这样的制度安排，就在一定程度上避免或减轻了揣摩上意、预设立场研究的外部压力和利益诱导。它是保障政策咨询报告或政策建议科学性的必要制度前提。

不以所提供的政策咨询报告是否获得政策制定者的批示论英雄。除了上述考虑，另一个原因是：政策制定者对政策咨询报告的批示，只是党政领导的一种工作方式。批示与否，更多是从推动工作而非对报告本身质量及价值予以认定角度的考虑。有时决策必须保密，批示或公布批示就可能导致泄密。不批示，不等于不重视，不被采纳。当然，政策制定者有时也对某个政策建议予以批示，这常常只是决策者需要以这种方式推动政策咨询报告所论及的某项工作，而非对政策咨询报告本身学术水准、政策建议价值的肯定。

不以所提供的政策咨询报告是否获得政策制定者的批示论英雄，还因为政策制定者也是常人，也会犯错误。在政策咨询实践中，很多正确的、有价值的政策建议，当其刚被提出时，往往因政策制定者的见识、当时的认识水平、所掌握的信息、价值取向等原因被否定或被拒绝，但并不会因此失去其学术水平、政策建议价值，相反，它恰恰需要政策建议者不懈的努力和坚持，方能逐渐被政策制定者所理解、所采纳。反过来，被采纳的政策咨询建议是否正确，难道不需要政策实践检验而仅凭政策制定者的主观认定就可以肯定其价值吗？在政策咨询实践中，曾经出现过政策咨询建议在当时被政策决策者接受而使政策建议者名重一时，然而，事后的政策实践证明，被接受的政策咨询建议是错误的、低劣的，造成了社会经济的重大损失。难道我们今天还要根据政策建议当时被采纳与否而非事后的政策实践结果论英雄？

从根本上说，政策制定者怎么可以成为政策咨询报告的学术水准、政策建议价值的判断者呢？政策制定者之所以需要政策咨询，不正是因为他们感到在相关专业领域的知识水平及见识不如被咨询者吗？既然如此，政策咨询者却将其政策咨询建议的价值评价寄托于政策咨询者，这不是十分可笑的逻辑矛盾吗？

其次，不考核，即不以提交的政策咨询报告数量及获政策制定者批示的等级——批示的官越大，被采纳的政策咨询报告被认定的级别就越高。这是在我们这个社会鼓励和推崇什么呢？——与数量计算大学智库研究人员的工作量，不以此决定其聘任与否，不以此决定其晋职与否。其道理如前。

或问：大学智库的研究人员是大学教师的一部分，这些教师该如何评价其工作，决定聘任与否，是否晋职呢？

只要注意一下，大学智库的特点决定了政策咨询报告一般是大学教师学术研究成果的后续发展；作为一个合格的政策咨询者，没有深厚的学术研究功底显然是不可能的，即它一般要求一定的资历门槛。大学智库研究人员，一般而言，应当是学有所成、术业有专攻者。如果一个教师的学术研究尚未达到一定水平，不能在专业领域做出高质量的学术研究成果，而期望其能将自己的学术研究成果转化，提出成熟的政策咨询建议，显然是有一定困难的。因此，一般而言，在社会科学领域，能够成为成熟的政策咨询人员，大抵已是人到中年，是所在大学学科研究领域的中坚力量、学术领军人物。他们显然无须根据其所提供的政策咨询报告或政策建议能否被采纳而决定是否被聘任，考虑晋职与否。[1]大学智库研究人员的一个重要特征正在于其不脱离大学正常的教学学术研究活动，在于

---

[1]当然，逆命题不能成立。不能认为，大学相关学科的中间研究力量及学术领军人物都能成为政策智囊。有些学科的性质决定了其研究与政策的关系比较微弱；有些学者因个人的原因，未必擅长于政策研究。

其是将自己的最新学术研究成果转化为政策建议,也只有如此,才能使大学智库的政策研究在最大程度上降低其功利性,保证其研究的学术性与价值中立性,以及在此基础上的特有的、独立的价值倾向性。

当然,这又导致了大学智库的另一问题:大学教师为什么要从事政策咨询活动?其激励机制何在?我认为,激励机制来自于政策咨询是大学文科尤其是社会科学领域教师学术发展的必要环节之一,来自于大学文科尤其是社会科学领域教师学术研究成果的社会实现感。

社会科学以社会生活为研究对象,社会实践是社会科学研究的实验室。但是,没有抽象的社会实践,社会科学家一般只能或者首先必须以其最熟悉的本国的社会实践为研究对象。当其完成了对本国社会实践的观察与研究,形成了学术研究成果之后,这一学术研究成果是否深刻地反映了所研究的社会实践的内在规律?它如何获得社会检验及社会承认?这都是大学教师必须面对的重要问题。学术发表只是学术成果被社会接受的第一步,一个不够充分、远未完成的检验。社会科学家总是希望其学术成果能够付诸社会实践,用以改造社会而得到进一步验证。政策咨询为社会科学家提供了将研究成果付诸社会实践,以进一步验证其研究结论成立与否的宝贵机会。学术研究成果转化为政策,成为社会实践,将有力地检验学术成果与社会实践的一致性,改造社会的可能性,对社会发展的预见性。当其获得成功,取得良好的社会效果,将有力地促进大学社会科学学术研究的发展,同时也使大学教师的学术研究获得极大的社会实现感,以及相应的学术声誉与社会影响力。这才是大学教师从事政策咨询活动的激励所在。哈耶克曾说过:只是个经济学家的经济学家不可能成为一个伟大的经济学家。[1]一个伟大的社会科学家必定要追求其学术思想、学术研究成果的社会实现,以其作为证明自己的学术工作的社会价值的重要途径之一。我想,这才是大学教师从事政策咨询活动最根本的激励,而且,只有这种激励才能保证其政策研究工作的学术性与价值中立性,以及在此基础上的价值倾向独立性。

最后,不根据业绩(至少是短期业绩)决定拨款。毫无疑问,大学智库的工作需要一定的资源投入。教师从事政策研究,进行政策咨询工作,也需要投入时间和精力。一般而言,智库真实需要的经费投入其实是不多的。现在建立各种"新

---

[1] 陆跃祥、唐洋军:《十年后,重读弗里德曼》,《读书》,2016年第10期。

型智库",动辄数千上亿投资,每年数百上千万的拨款,其实是有害无益的。因为,政策研究固然需要一定的资源投入,思想却不能靠"烧钱"形成。相反,过多的经费投入,只会使拨款的政府部门更为急功近利,更为要求智库与之的价值一致性,更难以接受不同意见。过多的经费投入,更容易使接受拨款的智库形成急功近利、趋时浮躁、秉承上意的研究作风。之所以要求不根据业绩(至少是短期业绩)决定拨款,其原因如上所述,无须赘言。简而言之,高质量的或真正的大学智库要以大学能够养一批"踱方步"的闲人为前提,以形成高质量有真知灼见的政策建议而不以政策建议数量为目标。我认为,对于大学智库研究人员的教师,应当适当减少一些教学与科研的工作量指标,让他们有时间有心情,无所事事,"踱踱方步",深思熟虑,出点真知灼见,出点真正管用的政策思想、政策建议。

失落的世界经济与高涨的研究热情

邱 斌*

一

2016年10月底的一个周末,中国世界经济学会年会在南开大学召开。由于该年会也是5年一次的学会换届大会,因此参会者众多,学术大腕云集。在我国国际贸易学科的创始地与世界经济的学科重镇南开大学召开此会,可谓实至名归,这也令广大学子激动不已。本人也率中外学子十几人到南开参会和学习。在这次学术会议的主题报告部分,各路专家演讲风格各异,但普遍都对当今世界经济形势不太看好,停滞、低迷、负利率等关键词频现。演讲者们对一点却达成了高度共识:虽然世界经济形势不容乐观,当前却是做研究的一个黄金时代,因为大家都可以对失落的世界经济究根探源,大显身手,因此从某种意义上说,广大研究者信心满满,研究热情饱满高涨。

当然,光有高涨的研究热情还不够,还必须有好的研究直觉、精当的研究方略和科学的研究方法。

首先是好的研究直觉。在南开会议上,上海发展研究基金会副会长乔伊德先生对于"全球不平衡"的再思考的主旨发言,就是直觉很好的经济学研究。乔先生在引用Rato(2005)、Bernanke(2005)和Borio(2011)等学者的文献后,提出了一系列让人眼前一亮的观点,其核心思想是在对"全球不平衡"的考量中,应更加关注金融不平衡而不只是经常项目不平衡,其原因主要在于经常项目只是个净值,无法反映资金的过程和流向,且跨境资本的来源更多的是非经常项目,可移动资本已经达到全球GDP的107%之多。乔先生还创立了一个概念——QMC(Quickly Moveable Capital),即可迅速移动的资本,并认为这是刻画周期性波动

---

* 作者为东南大学经济管理学院教授。

的更好指标。如果我们把此轮世界经济低迷看作是 2008—2009 全球金融危机的延续的话（对于这一点应该没有什么疑义），再回想当年美国 ABS 的杠杆被加到 60 倍以上并在全球各地销售的情形，就更加认可乔先生的创造性概括和总结了。

其次是精当的研究方略。由于现实世界的复杂性和对经济学研究成果需求的多样性，经济学研究起码可以分为学术性研究和政策性研究。如果对这二者没有足够深刻的认识，一个经济学学者可能会陷入定位不清晰的境地。纯学术研究更多的是寻求真理和开辟研究方法，是一切研究的基础。而政策研究更多的是为了满足政府或者企业对特定问题的方案需求。前者是学理基础和方法基础，后者是其创造性的应用。

最后是科学的研究方法。当今，有些年轻学者特别是一部分博士生在做研究时一味地从数据中寻找问题，而不是从现实中的各种经济现象中寻找研究选题，这往往使得其研究缺乏学理基础和现实因果关联。这一点在南开会议的总结阶段，上海社科院的张幼文先生和厦门大学的黄梅波教授都毫不留情地予以指出。本人也比较同意上述观点。因为基于数据找问题，可能存在数据缺失以及数据和方法不匹配的严重弊端，有关这一点，清华大学李子奈先生在其《高级计量经济学》教材中更是反复提及，不得不令人深思。

二

之所以对很多经济现象出现"公说公有理，婆说婆有理"的情形，主要是基于以下原因。

第一，当今世界经济与世界政治的复杂性是"二战"以后前所未有的，因此，过去所建立的经济理论体系不能够解释复杂的经济现象与对世界经济产生巨大作用的国际政治现象。例如，正当全世界学者轰轰烈烈地研究 TPP 及其对世界经济格局与国别经济影响的时候，特朗普（Trump）上台后可能废除 TPP 的这一举措，会使多少投入其间研究的学者大为错愕（当然，我们不能因此否认研究 TPP 的学者群的巨大学术贡献）。即使是在近几届美国总统选举中，我们也不难发现美国驴象两党总统候选人的竞选纲领中有关经济政策的部分越来越彼此接近。这一现象说明，由于 2008 年金融危机所造成的全球经济依然举步维艰，用一种经济理论来解释世界经济（包括国别经济）的停滞已经风光不再了，于是乎只要能够使竞选朝着有利于自己的方向发展,互相攻讦的美国总统候选人也管不了那么多了,什么理论都可以借用。顺便说一下,在这次特朗普对抗希拉里的竞选中,出现了两个各自多达数百人的经济学家阵营,分别支持不同的总统候选人,这在美国历次总统竞选中也是第一次。连包括诺贝尔奖获得者在内的美国经济学家在对待经济问题的判断上都那么分明,就不用说还没有看破世界经济重重迷雾的普通研究者了。

第二,对于推动经济发展的内在动力认识不足,对于包括计算机、互联网与平台经济等很多深刻影响经济增长的因素缺乏洞见,从而导致做研究时判断失误。例如,随着信息技术的不断创新和新型商业模式的不断涌现,当前信息消费出现了一些新规律和新特点。以信息创新为基础的信息消费已经进入了2.0版本乃至3.0版本。1.0版本是指信息服务本身的消费,如各种以信息为载体的产品和服务。2.0版本是指和实体经济有一定结合的信息消费,如网购等。3.0版本的信息消费是指以信息技术为基础、以第三次工业革命为先兆和以各种实体经济高度参与为特点的新型商业模式的集成创新。尽管如此,我们还是要面对"'平台经济'改变了市场结构,传统的产业组织理论是否依然有效"这样的理论问题,否则,经济学家和企业家都会无所适从。以阿里巴巴为代表的企业所打造的"平台经济"商业模式乍一看改变了传统的商业模式和产业组织理论,但仔细分析后不难发现,原有的理论依然有效。但是"平台经济"的确改变了市场结构,让无法在传统技术与市场条件下交易的买卖双方"相遇"而达成交易。刚刚过去的"双十一"节阿里巴巴创纪录的销售额就是个最好的例证。但是,世界上没有免费的午餐,阿里巴巴所创造的奇迹有一定的特殊性,全世界乃至一个国家(例如中国)拥有多个阿里巴巴的可能性并不大,因此"造神"运动和梦想要适可而止。

第三,在经济、政治、技术因素相互交织的世界经济中,任何一种传统研究框架、理论或者视角都可能是偏颇甚至是谬误的。还以上述信息经济为例,其实,当前的信息消费中产业技术创新和新型商业模式创新是比翼齐飞而不是互相排斥的。因为,历史经验告诉我们,信息技术的创新终究是为市场和消费服务的,如果只迷信技术创新本身,美国1998年的互联网泡沫和前一段时间的打车软件的搅局就只能归于昙花一现。目前在西方国家和亚洲部分发达地区所出现的类似于Uber(优步)公司的创新和Swapbox(自助包裹收寄机)等创新模式的确令人耳目一新,但随着产业技术的创新、商业模式的日新月异和人们消费理念的不断进步，只有能够把产业技术创新和新型商业模式创新相结合的公司才能够取得成功。从做研究的角度来看，政府、企业、大学、智库甚至学者都应该坐在一起共商如何做研究这一认识世界的基础的大计。例如，以预测了"第三次浪潮"而著称的托夫勒等为代表的未来学家总是能够"先知先觉"，他在《财富的革命》等书籍中所提出的prosumer（生产消费者，指集生产者与消费者于一身的角色）等概念正在改变着这个世界。面对由信息技术变化引起的商业环境变迁所导致的不确定性（如实体市场的萎缩）的增多，政府、企业、大学等应该勇于面对挑战，及时做出判断，并不断调整和创新商业模式，实现实体经济的健康发展，这也是研究者在真正的新经济到来之前所应做好的思想准备。

三

世界是丰富多彩的，世界经济形势也是变幻莫测的。想以固定的经济学理论"以不变应万变"地进行经济学研究进而提出很好的政策建议只能是一厢情愿。在长时间做研究的过程中，我愈发感到，作为一个个体学者，他只能尽可能地在一个领域内勤奋耕耘，所使用的理论和研究方法也尽可能地自我限制在一个特定体系内。就连刚刚竞选上美国总统的特朗普先生都在他的一本畅销书中说道，要想成功，就要做到"Stay Focused"（保持专注）。经济学研究当然也不例外，因为每一个研究者都有自己的路径。但是从一个更为广阔的背景来看，对于同一个问题是存在很多种研究视角（方法）的，很多时候交叉研究的方法更为奏效，如社会经济学的研究方法。从这个意义上来说，要包容他人不同的研究视角与研究方法，因为这些视角与方法是并行不悖的，它们的加总可能恰恰代表了不同研究者对于这个世界的全面观察。

从中国哲学来看，不仅人生之路应该是中和乃至中庸的，连做研究也是如此。冯友兰先生在其《中国哲学简史》中谈到中国学者做研究的一个诀窍，那就是"顿悟"。冯友兰先生在这本书中写道：悟"如桶底子脱"，得道的人于悟时，以前所有的各种问题，均一时解决。冯先生认为，中国的古代哲学流派（禅宗）对于问题并非积极地解决，而是在悟中，而悟后得到的道，为"不疑之道"。因此，在经过较长时间的学术修炼和掌握了经济学的基本研究方法之后，当我们面对纷繁复杂的世界的时候，当我们能够以平和心态看待不同的研究方法与视角的时候，我们在自己研究热情高涨的同时，也成就了"无成之功"，否则，我们将永远处于那种走不出死胡同的"骑驴觅驴"状态。

  同样地，在以中国崛起为背景的世界经济发展中，对当今世界经济发展趋势与中国经济增长的新源泉的认识，我们都应该持有开放心态。那种符合世界潮流、充满开放胸襟的经济思维和政治思维才会被全世界人民所接受。中国政府在过去短短的几年内所提出的"供给侧改革"、"一带一路"战略、"国际产能合作"等新认识与新举措，无疑是最能引领当今时代潮流的新思想。从这个意义上说，中国的经济学家和众多的世界经济研究者还有很多工作可做，以不负如此高涨的研究热情。

【学问聊斋】

经济思想史上的 1982 年

杜 创*

学术发展有其独特轨迹。博弈论与激励理论成为现代微观经济学主流的过程，令人感慨。前贤筚路蓝缕，日积月累，二战后，涓涓细流才渐有长江黄河之势，到 20 世纪 80 年代终于澎湃如汪洋大海；而 1982 年，恰如江河入海那一瞬间。

2016 年 10 月，麻省理工学院教授霍姆斯特朗因在合约理论领域的杰出贡献，荣膺诺贝尔经济学奖。追溯霍姆斯特朗教授的学术贡献，有两篇经典论文发表于 1982 年，文章展现出合约理论的非凡解释力。1982 年，实在是经济思想史上不寻常的年份：不仅合约理论、机制设计，博弈论的许多子领域也出现了突破性进展。这一年，那些严谨的经济学模型告诉我们，纯文字推理如何可能误导思维；这一年，那些精巧的机制设计启发我们，纯学术研究如何产生巨大的市场价值；这一年，那些干净利落的均衡公式唤醒我们，纯智力探索如何带来审美愉悦。微观经济理论群星闪耀的 20 世纪 80 年代，光芒已现。

合约理论大放异彩

1982 年之前，代理人有道德风险情况下的最优合约设计已经取得了一些进展，包括霍姆斯特朗本人于 1979 年发表的文章。但是，这些早期文献局限于单个代理人、一次性博弈的静态合约，不仅对现实的解释力度有限，理论本身也不够"干净"。

我们知道，团队生产中，最后结果往往只是总体性的单一指标，每个人的付出很难度量，很容易出现搭便车问题。因为每个人的付出有成本，这成本由个人全部承受；由此对总收益的贡献，却是大家分享，私人收益小于团队收益。如果个人努力程度难以观测，必然导致人人偷懒。这问题怎么解决？20 世纪 70 年代，

---

* 作者为中国社会科学院经济研究所副研究员。

经济学家阿尔钦（Alchain）和德姆塞茨（Delmsetz）曾说，要打破预算平衡，找个外来老板监督团队工人，而且让老板成为剩余（利润）索取者，就解决了老板自身的激励问题。这方案是纯文字推导的，浅显易懂，看起来也符合现实。1982年，霍姆斯特朗写了个简单的数学模型，表明在最优合约设计下，监督功能不是必要的，外来者打破预算平衡本身才是关键[1]。

另一种复杂性：即使代理人的工作绩效是公开信息且只和自己的努力相关，如果不可验证，不能作为法庭证据，那就无法写进合约。这时候怎么激励代理人付出努力呢？人们的直觉是：要考虑重复博弈，声誉机制可以起作用！法马（Fama，2013年诺贝尔经济学奖获得者）因此认为显性的激励合约不必要，市场竞争（隐性激励）足以鞭策经理人努力工作。这个直觉对吗？1982年，霍姆斯特朗再次用一个干净的数学模型[2]表明：不一定对。如果除了代理人道德风险问题（付出努力还是偷懒），委托人在一开始的时候不清楚代理人的能力，而且代理人自己也不太确定自己的能力，那声誉机制的作用将是有限的。在职业生涯的初期，代理人会过度努力，以诱导委托人相信自己能力很强；但随着时光流逝，代理人的能力通过工作绩效逐渐显现出来，就没有动机努力工作了。年轻人拼命工作、老资格在那摆谱儿，你在单位里、公司里不是总看到这种现象吗？

如果有人问你：纯文字推理之外，数学模型有什么必要性？那就跟他说说霍姆斯特朗的文章吧！

机制设计走入实践

拍卖是一项历史悠久的商业活动，但是有意义的相关经济学理论也不过是最近几十年才出现。20世纪60—80年代，经济学家维克里（Vickrey）、迈尔森（Myerson）等人以其对拍卖机制的开创性研究，先后获得诺贝尔经济学奖。但是，早期拍卖理论建立在私人估价（private value）假设的基础上，难以解释很多重要的现象，对指导现实中的拍卖设计，意义也不大。所谓私人估价，就是说每个竞标者清楚标的物的价值，而且各竞标者的估价是独立的。在这样的假设下，拍卖理论的一

---

[1] Holmstrom, Bengt. Moral Hazard in Teams. *The Bell Journal of Economics*, 1982, vol.13, no.2.
[2] Holmstrom, Bengt. Managerial Incentive Problems—A Dynamic Perspective. *In Essays in Economics and Management in Honor of Lars Wahlbeck*. Helsinki: Swedish School of Economics.

个主要结论是：对卖者而言，四类常见拍卖（英式拍卖、荷式拍卖、一级价格密封投标、二级价格密封投标）是收益等价的，即卖者的预期收益相等。这样说，选择什么样的拍卖形式是不重要的。

私人估价模型的假设对很多拍卖品尤其是耐用品不成立。比如艺术品拍卖，竞标者的目的往往不是拍到作品置于密室独自欣赏，而是收藏下来，以待来日卖个更高的价钱，则标的物的价值取决于其他人的评价。这种相关性对拍卖结果将产生重要影响。比如，拍卖中标者可能面临"赢者的诅咒"：中标的原因恰恰是自己对标的物估价过高了！事前意识到这种可能性，竞标者在拍卖中就会表现得保守，这对卖者也是不利的。那么，怎么设计拍卖机制才能让卖者收入最大化呢？

米尔格龙姆（Paul Milgrom）和韦伯（Weber）在1982年发表的文章中提出了一个一般性框架，比较了不同形式的拍卖[1]。文章表明，如果标的物价值同时取决于竞标者自己的评价、竞争者的评价和标的物的内在价值，则从卖者预期收入最大化的角度看，英式拍卖优于二级价格密封投标，后者又优于荷式拍卖和一级价格密封投标[2]。这很好地解释了为什么英式拍卖在现实中最为常见。这篇文章之后，有现实指导性的拍卖文献纷至沓来，许多经济学家也帮助政府等机构设计最优拍卖机制，成效显著。经济学理论反作用于商业实践、指导商业实践，在拍卖领域获得了完美体现。如果有人问你：除了"马后炮"式的解释世界，经济学有什么用？那就跟他说说拍卖理论吧！

有限期重复博弈也有声誉

稍微学过博弈论的人都知道囚徒困境，在一次性博弈中，均衡结果是两个参与人都不会选择合作；虽然事后看，合作对双方都好，但不会是均衡结果。即使重复博弈，如果只是有限期，不合作仍将是唯一结果。这和我们的日常经验似乎是相悖的：我们只有有限寿命，合作却广泛存在。

1982年，斯坦福的四位经济学家克瑞普斯（David Kreps）、米尔格龙姆[3]（Paul Milgrom）、罗伯茨（John Roberts）、威尔逊（Robert Wilson）连续发表了3篇

---

[1] P. Milgrom and R. Weber. A Theory of Auctions and Competitive Bidding. *Econometrica*, 1982, vol.50, no.5.
[2] 第二个结论依赖于竞标者风险中性假设。
[3] 当时米尔格龙姆尚在西北大学。

论文[1]，分别讨论在有限期重复囚徒困境、连锁店悖论等环境里的声誉机制。这些文章以作者姓氏首字母，统称为 KMRW 模型，其共同的关键假设是：参与者对对手的类型有一些不确定性，对手可能非理性，哪怕这种可能性很小。比如在囚徒困境中，参与人可能有很小的概率是"老实人"，即不计较得失，一定选择合作。当然，每个参与人并不知道对手是不是"老实人"，只能通过一次次博弈中的行为，推断对手类型。这样一来，理性参与人就可能在重复博弈的开始阶段，冒充"老实人"，选择合作行为。当然在最后一期，真相会大白："老实人"仍然选择合作，理性参与人选择背叛。关键在于：除非实际已经到了最后一期（或最后几期），参与人并不能事先确切推断最后一期的实际结果是合作还是背叛，因此在重复博弈开始阶段仍有合作的可能。

KMRW 模型激发了大量后续研究。在富登伯格（Fudenberg）和梯若尔（Tirole）的经典博弈论教材中，占了整整一章的篇幅。

策略性信息传递不是"空谈"

1982 年，经济学家克劳福德（Crawford）和索贝尔（Sobel）写了一篇很好玩儿的文章[2]，讨论了当两个人有一定的共同利益，又有利益冲突时如何实现有效的信息传递。不同于斯彭斯（Spence）的信号传递模型，克劳福德和索贝尔考虑的情境是信号传递本身没有成本，但是由于利益差异，博弈参与人在信息传递中可能有策略性行为。比如医患博弈，病人希望知道病情的真实情况并得到合理治疗，医生有点过度医疗的利益诉求，但出于各种原因，医生和病人利益也有一致性。克劳福德和索贝尔的模型表明，在这种情况下，还是有可能实现一定程度的信息传递，只不过信号常常是模糊的。

克劳福德和索贝尔给他们的模型起了个很高大上的名字——"策略性信息传递"（strategic information transmission）。不知为什么，后来这一类模型渐渐就被

---

[1] Kreps, David M; Milgrom, Paul; Roberts, John; Wilson, Robert. Rational Cooperation in the Finitely Repeated Prisoners' Dilemma. *Journal of Economic Theory*, 1982: vol. 27, no. 2. Kreps, David M; Wilson, Robert. Reputation and Imperfect Information. *Journal of Economic Theory*, 1982: vol. 27, no. 2. Milgrom, Paul; Roberts, John. Predation, Reputation, and Entry Deterrence. *Journal of Economic Theory*, 1982: vol. 27, no. 2.

[2] Crawford, Vincent P. and Joel Sobel. Strategic Information Transmission. *Econometrica*, 1982, vol.50, no.6.

称为"空谈博弈"（cheap talk）了。大概是想强调信息传递本身不需要付出什么成本；不想把教育程度作为个人能力的信号，受教育本身是有成本的。Cheap talk 本身并无褒贬，不过中文译成"空谈"，却是贬义了。

"序贯均衡"横空出世

博弈论中最基本的均衡概念是纳什均衡，20 世纪 50 年代由纳什（John Nash）提出。经济学家长期以来很难解释为什么特定的行为会在纳什均衡中出现，常常只能诉诸博弈参与人猜测或相信博弈会怎么进行；但只是一些非正式的讨论，或局限在均衡路径上。直到 1982 年，克瑞普斯（Kreps）和威尔逊（Wilson）在《计量经济学》杂志发表论文《序贯均衡》[1]，使得作为参与人选择行为基础的"信念"（belief）成为对博弈正式描述的一部分，不仅在均衡路径上，而且在非均衡路径上。该文提出的序贯均衡概念在讨价还价、重复博弈、合约理论等领域立即获得了广泛应用，例如上文提到的有限重复博弈声誉机制。

议价问题卷土重来

议价（讨价还价）是经济学中的古老问题了。简单来说，两个人讨价还价分 1 块钱，该怎么分？均衡结果会是什么？20 世纪 50 年代，纳什曾使用非合作博弈方法研究议价问题（同时也结合使用了合作博弈理论），但其模型的静态性质无法展现议价问题的丰富内涵。后续研究一直处于相对停滞状态。1982 年，经济学家鲁宾斯坦（Rubinstein）在非合作博弈框架里重新研究了两个参与人的议价问题，将其表达为潜在可进行无穷次的轮流出价过程，并证明在完全信息条件下轮流出价可产生唯一一个帕累托有效的博弈均衡[2]。这个结论有意思的地方在于，出乎普通人意料，看起来任意、不可预测的讨价还价竟唯一的结果，而且还是有效率的，这就树立了一个重要参照系（Benchmark）——如果议价是有效率的，则事前产权配置不重要（参考科斯定理）。这激发了大量后续研究，各种更复杂情况的模型陆续被开发出来，尤其是分析不对称信息情况下议价均衡中的延误现

---

[1] Kreps, David M. and Robert Wilson. Sequential Equilibria, *Econometrica*, 1982: vol.50.
[2] Rubinstein, Ariel. Perfect Equilibrium in a Bargaining Model. *Econometrica*, 1982, vol.50, no.1.

象。如今，讨价还价理论已是非合作博弈理论的一大重要分支。

1994年以来，博弈论和激励理论领域的诺贝尔经济学奖接踵而来：1994年、1997年、2001年、2005年、2007年、2012年、2014年、2016年的奖项均与该领域高度相关。其实，已经获奖的这些贡献，除了最近三次（2012年Roth, 2014年Tirole, 2016年Holmstrom和Hart），大都是20世纪50—70年代的成果。而博弈论大规模应用于经济学，尤其是激励理论的爆发式发展，是在20世纪80年代。本文介绍的成果中，除了霍姆斯特朗外，斯坦福KMRW、鲁宾斯坦等尚未获奖，但皆是诺贝尔奖级别的。这些文章，无不在博弈论和信息经济学大框架内开辟了一个个子领域，解释力丰富，可指导实践，而且文章本身也都干净利落，给人审美享受，展示出微观经济学的独特魅力。更令人惊奇的是，如此多项成就竟集中于一年之内出现！这里列出的，也只是笔者比较熟悉的领域，在整个经济学范围内看，1982年发表的经典论文可能还有很多。限于篇幅，本文只提出这个重要现象；至于背后的学术发展逻辑，且待来日再谈。

【学问聊斋】

正确理解 GDP 平减指数

苏乃芳* 李宏瑾* 张怀清*

一、通货膨胀：人类历史的瞬间片段

20世纪80年代以来，维持价格稳定成为各国中央银行最主要的政策目标。在很多实行严格通胀目标制的国家，控制通货膨胀是货币政策当局的唯一法定任务。但是，从人类历史的长河来看，通货膨胀从来不是人类经济面临的主要问题，只是在最近一百年以来，随着经济逐步摆脱实物货币的束缚，布雷顿森林体系的彻底瓦解并最终完全进入信用货币时代，通货膨胀才逐渐成为困扰经济正常运行的主要问题。

马克思曾说过，"金银天然不是货币，但货币天然是金银"。在实物货币时代，通货膨胀和货币政策并不是人们关注的重点，除了出于铸币税收益的考虑外，货币对于发行者而言确实更多地仅为了方便交易和商品流通，铸币税主要是源自货币主权而与通货膨胀的现代主题无关。虽然实物货币时代也出现过"劣币驱逐良币"的混乱，但那主要是在金银复本位制或银本位制下，私人部门的套利行为与为维护法定复本位而进行的政府干预之间的冲突。随着地理大发现和白银大量涌入而引发的"价格革命"，黄金价格更为稳定，也更有利于建立稳定的货币环境，在英国率先实行的金本位制于19世纪后期成为各国的共同选择。

但是，正是在金本位制被广泛推行的时期，由于第二次工业革命和生产力的迅速提高，主要工业国家于1870—1896年经历了长达近30年年均2%的持续通货紧缩。事实上，在1844年最先正式实行金本位制的英国，就一度频繁受到经济危机和通货紧缩的干扰。白芝浩（Bagehot）在其《伦巴第街》中就指出，每当发生

---

* 作者苏乃芳为中国人民银行营业管理部助理研究员；李宏瑾为中国人民银行营业管理部副研究员；张怀清为中国人民银行研究员。

经济危机威胁到中央银行票据发行时,严格的储备要求和金本位制的限制实际上都被审慎地中止以避免银行部门存款出现支付性风险。"一战"爆发使各国中止了金本位制,各国普遍出现了物价上涨和通货膨胀。"一战"后德国的恶性通货膨胀也是过度扩张信用货币发行的恶果。"一战"后,1925年平价恢复金本位制的做法使英国不得不面临通货紧缩的困境,这与19世纪早期(1819—1821年)英国试图按照拿破仑战争前的平价恢复英镑与黄金的可兑换性而出现通货紧缩如出一辙。与英国相比,法国等考虑到"一战"物价上涨因素而采取较战前金汇率更低的国家,在恢复金本位制后就很少受到通货紧缩冲击。不过,"大萧条"使得人们深刻认识到了通货紧缩的痛苦,"二战"后建立的"美元—黄金"本位制的布雷顿森林体系下,美国的货币政策以国内目标为主,很少主动考虑国际收支状况对美元黄金汇率的影响,最终在60年代后期引发了全面滞胀恶果和布雷顿森林体系的崩溃。

由此可见,在金本位时代,只有战争时期以及信用货币条件下,通货膨胀才成为人类经济运行的主要问题,而这在历史的长河中只是瞬间的片段。20世纪80年代以来,各国中央银行都认识到通货膨胀的危害,并在控制通货膨胀方面取得了重大的成就。但是,90年代后期,泡沫崩溃后日本陷入了长期经济低迷,2008年爆发了全球金融危机,通货紧缩再次成为困扰各国的主要问题。

随着近年来中国经济进入以"中高速、优结构、新动力"为特征的经济新常态,2012年3月以来,我国工业生产者出厂价格指数(PPI)出现持续近4年的负增长,居民消费价格指数(CPI)的上涨势头也得到明显遏制。正是由于经济增速下降和PPI长期为负,中国是否陷入通货紧缩及其指标衡量的讨论引起广泛关注。2014年年末以来,中国人民银行开始密切关注GDP平减指数,并在2015年10月的降准降息中,首次公开表明将其作为决策的重要参考依据。因而,正确理解GDP平减指数,对准确判断中国通货膨胀和经济走势,具有非常重要的意义。

二、一般价格水平的度量:CPI、PPI和GDP平减指数

目前我国公布的价格指数体系主要包括居民消费价格指数(CPI)、生产者价格指数(PPI)、商品零售价格指数(RPI)和工业生产者购进价格指数(PPIRM)等,用以反映不同领域价格的变化情况,其中,CPI和PPI是衡量物价变化和反

映通货膨胀最常用的指标。但是，CPI 衡量了一定时期内居民购买的生活消费品和服务项目总费用变化情况，PPI 主要反映了生产领域价格变化情况，在衡量物价变化方面具有重要意义。但是，CPI 和 PPI 的核算都限定在一定的范围内，CPI 侧重于居民消费价格领域，而 PPI 侧重于工业领域，不能反映整个经济范围内的通货膨胀状况。

GDP 平减指数反映了生产活动总成果的总体价格，是反映全社会经济物价水平变化的综合性价格指标，对于衡量一般价格水平变化具有重要意义。因而，GDP 平减指数更能全面而真实地反映经济一般价格水平的变化，可以作为判断物价走势的重要指标。世界银行 WDI 数据库公布的通货膨胀指标，就是各国的 GDP 平减指数数据。

需要认识到，在衡量价格水平方面，GDP 平减指数与 CPI、PPI 各有优劣。从全面反映经济活动的价格变化方面，GDP 平减指数更具优势，但是，一方面，CPI、PPI 等常用的价格指数都是通过抽样调查收集样本产品的价格，据此直接编制出来的价格指数；GDP 平减指数是通过将现价 GDP 与不变价 GDP 计算得到的，不是标准价格指数，它所包括的产品篮子是不断变化的，没有将物量变化的因素完全剔除，属于帕氏类型的价格指数，并不能反映纯价格变化。另一方面，GDP 平减指数通常是按季度 GDP 数据的发布而得到，随着 GDP 的修订，GDP 平减指数也会随之修改，因此无法用于检测价格短期变化，不利于对通货膨胀的早期预警。CPI、PPI 等标准价格指数都是按月编制发布的，能够为通货膨胀的监测和政策制定提供及时的信息，在经济形势分析和货币决策中应用更为广泛。另外，与 CPI、PPI 等指标只包括货币交易不同，在 GDP 平减指数中包含了政府向住户提供的实物社会转移和非市场服务、易货交易、实物收入、自产自用的货物和服务等非货币交易，这些非货币交易不能反映价格的变化情况。

因此，在通货膨胀率的衡量中，既不能忽略 GDP 平减指数的重要意义，也不能用 GDP 平减指数完全代替 CPI、PPI 等指标。通常需要将几种价格指数综合考虑，更为全面地对物价走势进行分析。目前，IMF、世界银行等国际组织大都使用 CPI 和 GDP 平减指数综合衡量通货膨胀，前者主要用于月度、季度分析，后者主要用于年度分析。当前有关中国面临通货紧缩压力和风险的讨论，也应结合 CPI、PPI、GDP 平减指数及其他更高频物价指数和 GDP 平减指数的变化趋势，进行综合研判分析，以更好地及时监测全社会整体物价水平变化，为判断经济走势和货币决策提供可靠的参考依据。

三、GDP 核算、经济结构与 GDP 平减指数

目前国内对于 GDP 平减指数仍存在一定的理解误区。特别是，2015 年以来随着经济增速和物价水平的持续下行，很多分析对 GDP 平减指数提出了两方面疑问。一是对我国 GDP 平减指数存在明显低估。英国《金融时报》引用有关分析认为，我国 GDP 平减指数核算采用单缩法存在较大的核算偏差，GDP 平减指数被低估 1 到 2 个百分点，中国经济增速被高估。二是 GDP 平减指数与 CPI 和 PPI 等价格指数不匹配。英国《经济学人》杂志认为，GDP 平减指数与 CPI 存在背离。中国宏观经济学会的王建指出，GDP 平减指数可根据 CPI 与 PPI 指数简单合成得到，2014 年 GDP 平减指数与 CPI、PPI 的关系出现显著背离的情形不合理。

在计算不变价 GDP 时，需要采用价格指数缩减法和物量指数外推法对各个行业的增加值进行价格调整得到实际增加值。与国外很多国家采用双缩法和双外推法不同，我国大部分行业直接利用产出价格指数缩减报告期现价增加值（也即价格指数单缩法）或直接利用产出物量指数外推基期现价增加值（也即物量指数单外推法），得到报告期不变价增加值。一方面，如果价格传导顺畅，中间投入价格与产出价格联动变化，那么二者变动将基本一致。另一方面，采用单缩法主要是受我国统计历史资料及与国际通行做法差异的限制。双缩法编制难度大，存在一定的统计误差，单缩法核算反而更简便准确。采用单缩法和单外推法核算不变价 GDP 与我国的实际情况密切相关，是合理可靠的。

虽然国家统计局并不公布 GDP 平减指数的具体数值，但可以通过相关的统计指标进行推算。GDP 平减指数可近似为 GDP 名义增速减去实际增速。英国《金融时报》认为，由于我国的 GDP 平减指数被低估，因此中国经济增速被高估，这实际上存在着逻辑错误。正如前面指出的，GDP 平减指数是根据现价 GDP 和不变价 GDP 计算而得的。《金融时报》认为实际 GDP 增长率是根据名义 GDP 增长率减去 GDP 平减指数计算得到，这相当于舍本逐末，颠倒了相关指标的计算过程。

由于 GDP 平减指数是根据现价 GDP 与不变价 GDP 的关系计算而得，因而 GDP 核算方法对理解 GDP 平减指数至关重要。现价 GDP 的核算通常采用生产法、支出法和收入法。我国 GDP 核算主要采用生产法，首先确定 GDP 的行业构成，

按照大类分为第一产业、第二产业和第三产业，进一步细分为各个行业类别，然后计算各个行业的名义增加值，最后汇总得到名义 GDP。相应的我国不变价 GDP 的核算也采用生产法，其核算中的重要步骤是根据各个行业的名义增加值和价格指数计算不变价增加值，对计算得到的各个行业的实际增加值进行汇总，即可得到不变价 GDP。类似地，支出法 GDP 核算主要是对现价和不变价消费、投资和净出口的核算。

从生产法来看，GDP 平减指数相当于各行业价格指数的加权平均值，综合反映了国民经济各个行业的价格变化情况。PPI 是反映工业生产的价格波动，因而与第二产业中的工业 GDP 平减指数更为接近。GDP 平减指数不仅取决于 PPI，还取决于服务业、农业等行业的价格指数，因此 GDP 平减指数可能与 PPI 变化幅度不一致。进一步从生产法对 GDP 平减指数进行分析，发现它相当于各行业价格指数的加权平均值，综合反映了国民经济各个行业的价格变化情况。我国第二产业占 GDP 的比重在 40% 左右（2014 年为 42%），而且随着经济新常态的确立，我国经济正在逐步从规模速度型粗放增长转向质量效率型集约增长，经济发展动力正从传统增长点转向新的增长点，产业结构从工业主导转向服务业主导。近年来我国工业占 GDP 比重正在逐步下降，服务业比重逐渐上升。在这一趋势下，PPI 在 GDP 平减指数中的比重将逐步降低。

从支出法来看，GDP 平减指数衡量了全社会商品和劳务的价格变化，但 CPI 主要是反映居民消费的货物和服务的价格指数，两者所包括的货物和服务范围相差较大。根据支出法 GDP 的核算关系，支出法 GDP 等于消费支出、投资支出和净出口的总和。因此，GDP 平减指数相当于消费者价格指数、固定资产投资价格指数和净出口价格指数的加权平均，综合反映了消费、投资以及货物和服务净出口等各项价格的变化情况。因此，GDP 平减指数不仅取决于 CPI，还很大程度上取决于其他相关价格指数。

GDP 平减指数是反映一国总体价格水平变动的指标，但这并不意味着它是各种价格指数的加权平均。根据前面支出法和生产法 GDP 平减指数的分析可见，GDP 核算方法的不同决定了其对不同价格指数或可替代价格指标的理论关系，只有这样才能够更好地估计 GDP 平减指数并及时准确地判断整体物价变化情况。因而，GDP 平减指数相当于 CPI 和 PPI 的加权平均的观点，在理论和实证上都是不成立的。作为 GDP 生产构成部分的工业增加值与作为 GDP 需求构成部分的居民消费支出是不能简单相加的。虽然从生产角度看 PPI 对 GDP 平减指数的影响约为 40%，从需求角度看 CPI 对 GDP 平减指数的影响约为 60%，但由于 GDP 核算方法不同，不能对两者简单加权平均，GDP 平减指数与 CPI、PPI 的偏离也是可以理解的。

【学问聊斋】

经济学的"滥竽充数指数"分析

李晓平*

一、何为"滥竽充数指数"

"滥竽充数"是人们所熟知的一个成语,其出处为春秋战国晚期时的人物韩非所著的《韩非子·内储说上》,原文为"齐宣王使人吹竽,必三百人。南郭处士请为王吹竽,宣王说之,廪食以数百人。宣王死,湣王立,好一一听之,处士逃"。翻译成现代汉语,就是"齐宣王让人吹竽,一定要三百人一起吹奏。南郭处士请求给齐宣王吹竽,齐宣王对此感到很高兴,用数百人的粮食来供养他。齐宣王死后,齐湣王继承王位,齐湣王喜欢听一个一个演奏,南郭处士听后便逃走了"。

对这一成语的理解,可能主要是认为这一成语告诉人们:弄虚作假是经不住时间考验的,终究会露出马脚的,一个人如果像不会吹竽的南郭先生那样,没有真本事,只靠装样子糊弄人,在别人还不了解真相的时候,能够蒙混一阵子,但是总有真相大白的一天。

但是对"滥竽充数"的这种理解可能是比较肤浅和片面的。现实世界中的"滥竽充数",并不都是只能"蒙混一阵子",有的或许能够"蒙混一辈子",有的甚至可以"永远蒙混下去"。

实际上"滥竽充数"至少还有这样一种含义,就是在不同的吹竽岗位上,"滥竽充数"的难度是不一样的:合奏吹竽,"滥竽充数"相对比较容易,独奏吹竽,"滥竽充数"则相对比较难。如果将这种情况进一步推广,可以发现在不同的经济体制下,或不同的专业、行业、职业里,或不同的工作岗位上,"滥竽充数"的难度也是不一样的,例如中国改革开放前的那种"吃大锅饭"的经济体制,就是一种比较容易"滥竽充数"的经济体制,所以或许应该建立"滥竽充数指数"

---

* 作者为安徽财经大学商学院副教授,管理学博士。

这一指标，来衡量或表现某一经济体制，或某一专业、行业、职业、工作岗位的"滥竽充数"的相对难度："滥竽充数指数"大，显示在该经济体制下，或该专业、行业、职业、工作岗位"滥竽充数"的难度相对比较低，或者用通俗的说法，就是"比较好混"；"滥竽充数指数"小，显示在该经济体制下，或该专业、行业、职业或工作岗位"滥竽充数"的难度相对比较高，也就是"不好混"。

二、分析"滥竽充数指数"的意义

如上所述，在不同的经济体制下，或不同的专业、行业、职业里，或不同的工作岗位上，"滥竽充数"的相对难度可能是不一样的，这种情况应该是一种客观存在；而"滥竽充数指数"可以体现出这种差异，因此"滥竽充数指数"有其存在的合理性。

另外，无论是某个国家、地区、组织、团队，还是某个专业、行业、职业、工作岗位，要想取得进步，就要尽可能地消除各自的"滥竽充数"现象，不能让不胜任相应工作职位的人继续留在该职位上"混日子"。分析"滥竽充数指数"，有助于降低"滥竽充数指数"，减少"滥竽充数"的现象，促进"优存劣汰"，从而推动相关事物的进步。所以，分析"滥竽充数指数"具有必要性。

三、专业的"滥竽充数指数"

由以上"滥竽充数指数"概念的引入可见，似乎应该根据不同的经济体制，或不同的专业、行业、职业或工作岗位来分析每一种经济体制，或每一种专业、行业、职业或工作岗位的"滥竽充数指数"。但因为经济体制过于庞杂，涉及所有制、生产制度、分配制度、社会保障制度、激励机制等多个领域；而对于行业、职业或工作岗位来说，一是因为行业、职业或工作岗位的总数太多，二是还要涉及该行业、职业或工作岗位的相应的岗位职责、相关人员或机构的监管力度等，那样就会使得这一分析更加复杂和困难，也难以得到相对比较统一的结论。所以要想将人类社会中的所有行业、职业或工作岗位都一一列出来，来分析每一行业、职业或工作岗位的"滥竽充数指数"，这种想法应该是很难实现的，或者即使能实现也是难度和工作量非常大的。

而对于专业来说，专业的总数相对较少，内涵也比经济体制简单，而且与行业、职业或工作岗位等相比，专业又相对超脱一些，尚未直接涉及岗位职责、顶头上司或相关人员或机构的监管力度等。因此分析专业的"滥竽充数指数"，难度相对比较低，相对比较可行。所以本文避重就轻，仅分析专业的"滥竽充数指数"，特别是经济学的"滥竽充数指数"。

分析专业的"滥竽充数指数"，首先就要明确目前人类社会中总共有哪些专业。估计不同的国家对专业可能会有不同的分类，本文采用的是目前中国的专业分类。在中国国务院学位委员会、教育部2011年印发的《学位授予和人才培养学科目录》中，列出了哲学、经济学、法学、教育学、文学、历史学、理学、工学、农学、医学、军事学、管理学、艺术学这13个大的学科门类；而在每一个大的学科门类中，都有若干个小的学科门类（所谓"二级学科"）。如果根据小的学科门类来分析每一专业的"滥竽充数指数"，工作量太大而且也很琐碎。所以本文是以这13个大的学科门类来分析专业的"滥竽充数系数"，尤其是经济学的"滥竽充数指数"。

四、影响专业的"滥竽充数指数"大小的主要因素

一是该专业的"入门门槛"的高低。因为要想在一个专业里混，首先是要能进入到那个专业里去，至少要让人看起来"像是那个专业里的人"。因此专业的"入门门槛"高，该专业的"滥竽充数指数"相对就会比较小；专业的"入门门槛"低，该专业的"滥竽充数指数"相对就会比较大。在以上13个专业中，哲学和理学可能相对而言概念更加抽象、理论更加深奥，诸如"范式""本我""历史决定论""纯粹理性批判""量子""反物质""时空隧道""薛定谔猫""希尔伯特空间""同胚映射""罗素悖论""不完全性定理"等知识点，对很多人而言可能是想"不懂装懂"都很难。所以哲学和理学的"入门门槛"可能相对比较高，这一特点决定了这两个专业的"滥竽充数指数"比较小。

二是该专业所需掌握的知识的庞杂和紧密程度。有的专业需要掌握的知识点比较多，且知识点之间的相互联系较为紧密，稍有若干知识点未掌握，就有可能会被视为是该专业里的"滥竽"，因此这样的专业的"滥竽充数指数"也比较小。法学、工学、农学、医学、军事学，可能都是需要掌握较庞杂和紧密知识点的专业，所以这些专业会因此而"滥竽充数指数"相对比较小。

三是该专业里的"优劣"的相对明显性。如果一个专业里的"优劣"相对比较明显,就有助于这个专业里的"优存劣汰",从而会降低这个专业的"滥竽充数指数";反之,如果一个专业里的"优劣"不明显,则这个专业的"滥竽充数指数"就会比较大。像教育学、文学、艺术学,外行都相对比较容易地进行优劣评判。特别是教育学里的体育学,一些体育比赛项目中的个人赛,如游泳、短跑、棋类等的个人赛,可能是"滥竽充数指数"最小的专业,因为"是骡子是马"一比赛就能显现出来。像这样"优劣"相对很明显的专业,"滥竽充数指数"就相对非常小。

四是该专业里的知识与技能的更新速度。有一些专业,知识或技能的更新速度相对比较快,如工学、农学、医学、军事学,这些专业中的一些新知识、新理论、新设备、新材料、新工艺、新方法,一经推出,就会取代旧知识、旧理论、旧设备、旧材料、旧工艺、旧方法,这样的专业就要求在该专业中的人必须"活到老,学到老",因为稍有懈怠就可能会"沉舟侧畔千帆过",因此"滥竽充数指数"相对比较小。而有些专业知识更新速度相对较慢或知识更新状况基本是"新的来了,旧的不去",相对而言就不太需要"活到老,学到老",因此那样的专业,从这方面来看"滥竽充数指数"就会相对比较大一些。

五、经济学的"滥竽充数指数"分析

根据以上所说的影响专业的"滥竽充数指数"大小的四个主要因素,就可以来分析经济学的"滥竽充数指数"。

首先,以专业的"入门门槛"来看,经济学的入门门槛应该是比较低的。有人曾说过"你甚至可以使鹦鹉成为一个博学的经济学家;它必须学习的全部就是'供给'与'需求'这两个单词",这话虽然过于夸张,但似乎并没有人对其他专业也说过类似的话,因此这可能也显示了经济学的"入门门槛"较低。

其次,经济学所需掌握的知识的庞杂和紧密程度似乎也是相对比较轻的。虽然经济学里五花八门的概念和理论看上去也很多,但你即使不了解其中的很多概念和理论,也并不妨碍你能在经济学里"混饭吃"。例如有的经济学教授对博弈论一窍不通,甚至对西方经济学也所知甚少,但他们依然可以通过讲授政治经济学来"捧紧自己的饭碗",也并不一定会被人视为经济学里的"滥竽"。

再次,经济学里的"优劣"的相对明显性也是很弱的,至少在目前全人类包括整个国际经济学界可能还都没有公认的评判经济学家"优劣"的标准。当然在经济学界，虽然也有一些名噪一时的学者出现，例如凯恩斯（John Maynard Keynes，1883—1946），但那样的学者往往都是靠提出一些只能取得短期经济效应的理论而闻名，他们的理论未必真能经得起推敲，对人类社会的经济发展也未必真能发挥好的作用（见《凯恩斯理论错在哪里》，《经济学家茶座》总第59辑）。

最后，经济学里的新概念或新知识的更新速度看上去似乎也比较快，例如"量化宽松货币政策""供给侧结构改革"等，都是近些年才出现的经济学新名词；但究其含义，很可能是以前的一些经济学术语"穿了个马甲又出来了"，因此这些新名词很可能并不是真正意义上的知识创新。而且经济学也具有"新的来了，旧的不去"的特点，形形色色的经济理论虽然五花八门，但基本都是"你方唱罢我登场，各领风骚一两年"；有的甚至曾被"批倒批臭"之后，过一段时间又能上演一出"我胡汉三又回来了"。所以经济学对"活到老，学到老"的要求也不高。

以上四点，决定了在哲学、经济学、法学、教育学、文学、历史学、理学、工学、农学、医学、军事学、管理学、艺术学这13个专业中，经济学即使不是"滥竽充数指数"最大的专业，也是"滥竽充数指数"最大的专业之一；或者说经济学即使不是"最好混"的专业，也至少是"最好混"的专业之一。

当然，谈到"滥竽充数指数"，似乎最好还是能用具体的数值来显示经济学的"滥竽充数指数"。但至少在现在，用"基数"的方式来显示经济学的"滥竽充数指数"还很困难，所以本文借鉴经济学里的"序数效用论"，用"序数"来显示经济学的"滥竽充数指数"。

六、经济学"滥竽充数指数"最大的启示

在目前来看，承认不同专业的"滥竽充数指数"存在着大小差异以及承认经济学的"滥竽充数指数"较大，至少可以给人带来这样三点启示：

第一，承认不同专业的"滥竽充数指数"的大小存在着差异，可以对人们选择专业提供帮助。现在随着社会分工的细化以及专业知识和技能的日益复杂，人们对自己或子女的专业选择已越来越早，而且从某一专业转到另一专业的"专业转化成本"也越来越高，因此在一开始就选择何种专业对人的一生的重要性已大幅提高。抛开专业的创业成功率、就业率、工作环境、薪酬等不论，仅从专业自

身的"滥竽充数指数"来看，如果一个人自身条件较好，可能更应该选择进入那些"滥竽充数指数"相对较小的专业，那样才更有可能体现出自己的优势；而如果一个人自身条件较差，可能就更应该进入那些"滥竽充数指数"相对较大的专业，那样不仅能够掩盖自己的劣势，还可以减小自己所受到的来自专业方面的压力。这与"吹竽水平高的人更应该独奏，吹竽水平低的人更应该合奏"是一个道理。

第二，承认经济学的"滥竽充数指数"较大，可以帮助人们更为合理、理性地看待和选择经济学专业。例如优秀人才选择经济学专业可能就是一种不利于自身发展的选择，试想如果爱因斯坦（Albert Einstein，1879—1955）在年轻时进入经济学专业，他应该基本不可能在经济学里达到他后来在物理学里所达到的那种"会当凌绝顶，一览众山小"的学术地位（因为经济学里可能根本就不存在那样的学术地位），而且还很可能会长期承受一种"环顾四周多'滥竽'，良币反被劣币逐"的痛苦。

第三，也是最为重要的一点是，一个学科要进步，就必须不断降低自身的"滥竽充数指数"，通过持续提升自身的"优存劣汰"机制来促进学科的进步。经济学的"滥竽充数指数"较大，不仅制约着经济学自身的发展，影响着经济学和经济学工作者的社会形象，而且也使得经济学对人类社会的发展难以发挥更大的正面作用。而要降低经济学的"滥竽充数指数"，首先必须承认经济学的"滥竽充数指数"较大。当然对于如何降低经济学的"滥竽充数指数"，笔者目前尚无清晰的认识。因此也希望本文能抛砖引玉，吸引更多的有识之士来关注和思考经济学的"滥竽充数指数"，并找出降低经济学的"滥竽充数指数"的有效之策。

"双创"在今天的中国意味着什么?

陈 宪[*]

暑假时在深圳做了一些有关"双创"的调研,然后将期间的所见所想写成短文。承蒙《东方早报》"上海经济评论"专版编辑的厚爱,在"安泰问政"栏目分为四篇发表。文章集中阐述:"双创",深圳"优"在哪里?回答是:城市的包容性品格,产业的结构性优势,"双创"的生态系统和政府的公共服务。包容性品格主要指进入门槛和创业门槛相对较低。产业的结构性优势除了战略性新兴产业占比高、发展加快,还包括产业链的配套能力强。"双创"的生态系统集中体现在深圳具有融创业投资基金和各种创业服务在内的,国内最高"版本"的孵化器。政府的公共服务则被概括为宏观积极,将管制减到最少,尽可能给予公平有效的公共服务;微观不干预,不过问企业的生产经营和投资活动。由此想开去,在中国经济转型的大背景下,"双创"究竟意味着什么?其重大的社会价值何在?

一、"双创"是一场深刻的改革

"大众创业,万众创新"的口号自提出以来,质疑的声音就没有停歇过。因为"双创"的成功率很低,所以,不少人对口号中的"大众""万众"感到不对劲儿,认为,这不是又要搞"群众运动"了吗?民间创业是市场经济的原生态,原始创新是市场经济的原动力,因此,经济活动本来就是"群众运动"。在经济发展的任何时期,特别是在创新驱动、转型发展的时期,这句口号是社会动员的口号,是对"大众"说的,并不是对成功的"小众"——成功的创业者和企业家说的。创业的成功率很低,主要有两种可能增加成功者:一是动员更多的人投身创业试错,在成功率为一定的情况下,可能有更多的成功者;二是改善环境,创造条件和机会,亦即优化创

---

[*] 作者为上海交通大学安泰经济与管理学院教授。

业创新的生态系统，在创业者一定的情况下，提高成功率，就会有更多的成功者。更多的人愿意投身创业；"双创"环境的改善，创业生态系统的优化，需要改革的介入。

另一个比较典型的看法是，但凡政府鼓励创业时，都是经济不太好的时候，这时，政府鼓励创业是为了缓解就业压力。我不能否认这种情况以前有过。然而，在改革开放近40年的今天，如果说鼓励创业还只是权宜之计，那么，可以说，这场伟大实践将以失败告终。但现实情形恰恰不是如此。李克强总理说，"大众创业，万众创新，实际上是一个改革"。我的理解是，要通过由"双创"触动的改革，彻底完成从计划经济向市场经济的转型，将经济增长和发展的主动力建立在"双创"的基础上。

"双创"提出或引发的改革任务是全方位的，主要是政府自身的改革，即供给侧结构性改革。当下，这方面的改革主要包括：政府监管架构和内容的改革，如对国有企业（资本）的监管体系和内容，对金融业的监管体系和内容的改革。国有企业、国有资本和金融监管架构的改革，本质上都属于政府改革，有着为"双创"创造机会的重要作用；财税制度改革，它不仅是经济体制改革的重要组成部分，同时与行政体制、政治体制改革联系紧密。税制改革关系到微观经济和创业创新的活力和动力，预算改革则事关政府的"钱袋子"，进而与政府职能转变息息相关；以自贸区建设为标志的开放倒逼改革，将通过进一步降低门槛，减少审批，优化监管，为"双创"创造更加宽松、便利的环境，并进一步有效提供各种与"双创"相关的公共服务。

关于"双创"，还有一些很有意思的说法和现象。有人说，创业是老百姓自己的事，是市场的行为，政府不必操这么大的心、用这么大的力。这里得为政府说两句话。我们现在说的创业是民间创业，不是国家创业，当然不是靠政府亲力亲为。但是，在现在的中国，创业创新需要改革，主要是供给侧结构性改革为其扫清障碍，政府要对自己"开刀"，这是政府要操心的事情。在营造"双创"环境和条件方面，政府还是有一些事情需要做的，如公共服务平台的建设，当然要注意把事做好。

有人看到，居然有长辈掏出养老的钱来帮助儿孙创业，就大肆批评政府，说"这是对中产阶级的最后一次洗劫"。这真是错怪政府了。为什么会出现这种现象？我觉得，这是中国的少数家长太溺爱自己的孩子，"亲情文化"过度发酵了，以至于置常识于不顾，拿出自己的养老钱为儿孙的创业承担"无限责任"。尽管这是个个例，但还是要呼吁，"双创"要去找创投基金，有价值的创业项目一定能够找到创投的投资。政府在推动组建各种类型的创投基金方面，也是可以有所作为的。

目前中国还有大量阻碍供给侧动力形成和发挥作用的体制性、政策性障碍，尤其是阻碍创业创新、民间投资和民营经济发展的体制性、政策性障碍，所以，要通过供给侧结构性改革，才能激发和产生供给侧动力，即来自"双创"的，以企业家精神为核心的动力。这就是提出供给侧结构性改革的基本逻辑。看似很简单，但难度很大，远远超出我们的想象。所以，必须寄希望于大众的力量，通过广泛的"双创"实践，倒逼政府自身的改革，以形成适应市场经济在中国发展的土壤和体制。既作为发展动力，也作为改革动力的"双创"，完全能够做到这一点。由此，能够改变过去很长时期以来，中国改革中出现的"南橘北枳"现象。进而，民间"法无禁止即自由"，政府"法无授权不可为"，"双创"就将充分地活跃起来，经济增长的动力就将得到转换，市场经济的运行秩序就将合理地建立起来。这些都是"双创"这场改革将会给中国社会带来的积极的根本性的变化。

二、"双创"是产业发展的支撑

今天我们说的创业，或者说，我们在美国的硅谷，以色列的硅溪的创业，以及在北京的中关村，深圳的南山看到的大部分创业，都是内在创新，主要是新技术创新的创业。

创业的本质是试错。试自己或团队是否为"对"的创业者。同时，这个试错过程又与是否找到"对"的需求结合在一起。二者皆为"对"，才算创业成功。因此，结果为"对"的创业总有可能孕育出新技术，进而可能产生新产品、新服务，甚至新产业。而且，新技术能否产生市场需要的产品和产业，亦即我们以前常说的产业化，就是创业者、企业家的需求试错。需求试错在现在的供需格局中，表现得比以往更加重要。这是因为，现在的供需格局是供给全面过剩，发现新需求即供给创造需求，成为矛盾的主要方面。正是沿着这个简单的逻辑，我们不难发现，内在创新的创业是产业发展的源头活水。正是创业者、企业家的不断试错，才在试错为"对"的成功中出现了人们看到的产业体系。这些创业究竟做什么技术、产品或产业，是政府产业政策推动或指导出来的吗？当然不是。

讨论创业、产业，以及它们之间的关系，一定会涉及政府与创业和产业的关系，其中一个方面，就是产业政策的问题。我觉得，现在的讨论缺乏必要的界定，将产业政策的外延扩得太大，这无助于问题的讨论。我们先用排除法，去掉一些现在被认为是产业政策，但实际上不是产业政策的内容。

将政府推动基础设施发展视为产业政策，是一部分学者的观点。现在有基础设施产业的说法，但政府推动其发展的措施，是否就是产业政策呢？甚至有学者坚持认为，只要基础设施同比较优势的演化方向是一致的，它就应该随着经济增长而升级。已经有人质疑：这个演化方向如何甄别？我的意见是，基础设施是公用事业，提供普遍服务，它们构成现代社会发展的一个大平台，并不仅仅服务于经济。在任何情况下政府都有责任推动其建设和发展，至于程度和方式因不同国家和地区而异。也就是说，推动基础设施建设和发展并不是一个产业政策的问题。

有专家认为，美国的产业政策主要是从反垄断角度考虑的，国家通过反垄断的相关法律，维护市场的公平竞争。这属于产业政策的范畴吗？如果将反垄断的相关法律都纳入产业政策，产业政策真有不能承受之重，也不符合现实。还有学者认为，美国在国防领域研发成果，即军工技术的民用化，就是一种产业政策，对美国经济发展产生了巨大作用。这个说法比较勉强。因为任何国家在国防领域都会有不计成本的大量投入，以研发新的军事技术。但要说这种研发从一开始就有特定的产业应用，是不切实际的。军事技术民用化至多是一种"歪打正着"的产业政策。

日本是公认的第一个有明确的产业政策的国家。就像这方面专家告诉我们的，作为一个战败国，战后日本政府希望集中资源，把百废待兴的产业发展起来，使之带动国民经济快速发展。所以，日本的产业政策是直接干预产业发展本身的。这就道出了产业政策的本来意义和内涵：有直接干预产业发展的目标和手段。如日本的重化工业发展目标，以及对重化工业的优惠利率。这个意义上的产业政策到底利大于弊，还是弊大于利？这是讨论产业政策的要害。日本产业政策的利弊得失本来也是见仁见智的。即便持利大于弊的观点，这可能也与日本是在市场经济体制的基础上，辅之以适度的产业政策有关。还有两点亦很重要：其一，在日本实施产业政策的时代，供大于求的格局尚未形成，产业发展往往对应着比较确定的需求；其二，健全的法制在其中起到了至关重要的作用，就像新加坡政府在推动经济发展中也起到了较大的作用，但法律制度和依法治理的保驾护航起到了关键性的作用。

所以，首先要明确，所谓产业政策，一定是指对某一类产业优先发展的支持政策，既有政策目标，也有政策手段。从这个意义上看产业政策，我们就需要谨慎一些了，尤其是在市场能够发挥配置资源作用的领域，就更是如此。这是因为，这里有两个绕不过去的问题，而且，经常被人们提及。首先，信息对称的问题。产业发展的方向，产业结构的演化是能够被预见的吗？答案当然是否定的。这里不需要多做解释。一时间产生的产业"短板"，能够靠产业政策修复吗？也不太可能。因为政策都有时滞，不等政策发挥作用，市场的作用可能已补齐"短板"，政策的作用可能会使"短板"变成"长板"。这样的例子也不在少数。其次，扭曲市场的问题。因为推动某一类产业发展的产业政策，都是有"含金量"的，这就必然使企业趋之若鹜，以获取个中资源。所有创新的努力都不及这个来得快。这就像资产价格过快上涨一样，扭曲了激励的方向。这对于创业创新的杀伤力是巨大的。

考虑到上述两个问题，以及中国现阶段的法制水平，我以为，产业政策应该缓行或免行，以便为"双创"让出一点道来。也许有人会堂而皇之地说，二者是并行不悖的。但过往的经验是，产业政策的扶持对象往往是特定产业中的国有企业、大企业，产业政策是极少惠及"双创"的。有专家在说到制定产业政策的出发点时指出，它们是从市场维护或修复的角度出发的。我以为，这与其说是产业政策的出发点，不如说是创业政策的出发点。创业创新需要好的市场环境、生态系统，政府还是在这个方面多做一些努力，将自己从产业发展中抽出身来。创业政策本质上属于创业服务。政府也和社会各界一起，多为"双创"的生态系统做一些实事吧。

三、"双创"将重塑主流价值观

在中国经济、社会和政治体制改革与转型的过程中，主流价值观经历了迷茫、缺失，再到重塑的过程。我的一个基本判断是，与提出"大众创业，万众创新"相适应，中国社会的主流价值观正处于艰难的重塑期。

一个社会的主流价值观，其形成是多因素综合作用的结果。其中一个重要的、起具有决定性作用的因素，是这个社会的财富生产方式。迄今为止，人类社会大致有过三种财富生产方式：自然经济、市场经济和计划经济的生产方式。大家都知道，自然经济、计划经济都已经退出了历史舞台，市场经济是当下世界各国（除个别国家）的财富生产方式。当然，世界各国的市场经济因体制、制度和文化的差异，各具自身的一些特点，但其基本的运作机制是一致的，或趋向于一致的。

市场经济通过哪个中间环节作用于主流价值观的形成呢？我们知道，市场经济不同于计划经济的一个基本的机制性特征，就是分散决策，每个决策主体要对自己决策的后果负责。这就意味着市场经济需要全体人民的想象力和创造力，国民经济的动力和活力来自于创业、就业和消费的多样性。这里，创业和就业、就业和消费（收入）存在着决定和被决定的关系。就长期而言，创业的规模和水平决定着就业的规模和水平；就业的规模和水平又决定着消费的规模和水平。这就是说创业是市场经济的原生态的原因。今天的创业又大多包含着各种意义和形式上的创新，特别是原创技术的创新，进而创新是市场经济的原动力。因此，市场经济通过"双创"这个重要的中间环节，影响主流价值观的形成。从这个高度来认识"双创"，既是客观的，又是准确的。

那么，"双创"又怎样具体地影响主流价值观的形成呢？李克强总理说："我们推动'双创'，就是要让更多的人富起来，让更多的人实现人生价值。这有助于调整收入分配结构，促进社会公平，也会让更多的年轻人，尤其是贫困家庭的孩子有更多的上升通道。"民富国强是主流价值观的物质基础。唯有将富强作为价值观的"首善"，才有可能在国家、社会和公民个人层面共同形成主流价值观，也才有可能让主流价值观体现在国家、社会和公民个人的日常生活之中。在经济体制和发展方式转型的背景下，更多的人富起来并实现人生价值，是通过"双创"，或通过"双创"创造的就业机会得以实现的。而且，"双创"将通过提高收入和职业的流动性，将公平与富强融为一体，共同成为主流价值观的基石。

对于广大愿意投身"双创"的人来说，创业创新的成功就是一个有待实现的"梦"。无论"美国梦"，还是"中国梦"，都意味着政府和社会要为公民实现梦想创造更加自由、公平的环境，但你不能期待政府和社会提供超出"普惠"以上的条件和机会，个人和团队的自我奋斗是实现梦想的核心要素。具体到创业创新，就是不需要依凭关系、出身等前置性条件，而是要依靠自己和团队的努力奋斗，借助于"双创"生态系统的帮助，就可以实现自己的人生目标，乃至梦想。这里，自由的个人奋斗既是主流价值观的具体体现，也是实现人生价值的基本途径。

1949 年以后，中国实行了近 30 年的计划经济体制。计划经济体制建立在国家（政府）创业的基础上，期间，几乎没有民间创业，也就没有企业家才能、企业家精神培育和发挥作用的过程。当所有生产、投资和经营等活动都由高度集权的政府主管部门负责时，对广大劳动者来说，就只剩下"服从命令听指挥"了。所以，计划经济体制不仅扼杀人们的想象力和创造力，还将产生人身依附和依赖关系。所以，主流价值观中个人价值的缺位、不被重视是显而易见的。

改革开放以来，我们都处在体制转型的时期。在这个时期，新旧体制的相互交织、此消彼长，对于主流价值观的形成产生重要影响。一方面，长期被压制的个人欲望井喷式爆发；另一方面，新的规则、秩序尚未建立起来，二者的共同作用，导致大量的失范行为、投机行为，甚至犯罪行为，对主流价值观的形成产生了消极的、负面的影响。这是基本事实。但是，也正是在这个深刻的转型时期，作为市场经济原生状态的创业，原生动力的创新开始从萌发到迸发，进而对主流价值观的形成产生积极的影响。

富强是主流价值观的物质基础；公平是主流价值观的基本诉求；自由是主流价值观的目标追求。主流价值观的这些基本方面都与"双创"的伟大实践紧密联系在一起。让我们从更广泛的意义上认识"双创"、推动"双创"，使中国经济的可持续增长、中国社会的可持续发展建立在这个可靠的基础之上。

关于"双十一"网购狂欢节热的冷思考

荆林波*

"双十一"的今生今世

翻开我国电子商务发展的历史，有许多关键事件是值得记忆的。

进入新世纪，我国的电子商务取得了快速的发展。最初几年保持年均40%的速度增长，2006年电子商务交易总额超过1.5万亿元，2007年超过2万亿元，2008年首次超过3万亿元。而2008年中国的网络零售（B2C，C2C）实现了三个"1"的突破，即网络零售消费者人数突破1亿，网络零售额突破1000亿元，同时占社会消费品零售总额比例突破1%。

为了给网络零售增添新的亮点，阿里创造出了"双十一"网购狂欢节。起初，它起源于淘宝商城2009年11月11日举办的促销活动，当时参与的商家数量和促销力度均有限，但营业额远超预想的效果，当年一天5200万的销售额，仍然是让人感到振奋的。于是，11月11日成为天猫和淘宝共同举办大规模促销活动的固定日期，并且每年都不断创造出新的纪录，2010年9.36亿元、2011年53亿元。

2012年中国网络购物市场增速超过40%，整个交易规模超过日本，2012年11月11日，仅仅一天的淘宝与天猫的交流量突破191亿元，包裹数量突破7000万，创造了中国网络销售的新纪录，同样超越了美国"网购星期一"15亿美元的纪录。同时，2012年淘宝与天猫的交易额在11月30日突破1万亿元。

2013年"双十一"，再次创造奇迹——全天交易额达350.19亿元，1.67亿个订单也带来了1.52亿个包裹，平均每分钟产生约10万个包裹。

2014年的"双十一"交易额达到571亿元，2015年"双十一"交易额突破912亿元时，而在喧闹之后一周，又一股暗潮开始涌动，退货量达到每天总快递

---

* 作者为中国社会科学院中国社会科学评价中心研究员。

量的两成。各界人士对于"双十一"也发出了不同的声音,特别是在"双十一"前夕,京东通过"京东黑板报"发布声明称,阿里巴巴在"双十一"促销活动中胁迫商家"二选一",已向国家工商总局实名举报阿里巴巴集团扰乱电子商务市场秩序。那么,如何客观评价"双十一"呢?

关于"双十一"的整体评价:喜忧参半

我们对"双十一"给出一个整体评价是:喜忧参半,具体如下:

"双十一"喜在——

第一,在全国作了一个推广,尤其是对普及电子商务知识、推广网络购物起到了积极的作用。2008年,我国网民不足3亿人,网络购物者刚突破1亿人,而到了2014年12月,我国网络购物用户规模达到3.61亿;我国网民使用网络购物的比例从48.9%提升至55.7%。截至2016年6月,我国网民规模突破7亿,互联网普及率超过50%,"双十一"从购物入手,对网民的生活方式的影响进一步深化。

第二,展示了我国消费的巨大能量,增强了我国经济逐步转向以消费促进经济增长的信心。"双十一",我国整个电子商务平台的销售数据显示,在11月1日至11日的购物季期间,京东商城交易额同比增长60%,在11月11日当天,京东商城交易额同比增长为59%,其中移动端下单量占比达到85%。特别是,农村地区的网购热情已经开始被点燃。覆盖了44万个行政村的1700多家京东帮服务店在"双十一"大促中实现了京东大家电30%的销售额。

第三,对我国电子商务相关设施与服务进行了一次检验。众所周知,我国的火车购票系统,一到春节期间就崩溃,而我们却极少听说哪家电子商务企业的系统崩溃。以天猫为例,2015年,1分12秒交易额超过10亿。12分28秒,交易额超100亿元,其中无线交易额占比74.83%。2016年天猫"双十一"购物节,交易额迅速刷新往年纪录:刚过52秒,交易额超10亿元;6分58秒,交易额超100亿元。国家邮政局发布的数据显示,今年"双十一"期间,也就是11月11日到16日的6天时间里,全国邮政、快递企业共揽收快件11.2亿件。"双十一"当天,各邮政、快递企业共处理快件2.51亿件,刷新了我国快递日处理量的纪录。此外,2016年"双十一"全天,支付宝实现支付总笔数10.5亿笔,"花呗"支付占比20%,保险总保单量6亿笔,总保障金额达到224亿元。可见,相关电子商务企业的设施相当先进，服务比较到位。

然而，在惊喜的背后，我们也有一些忧虑：

第一，不正当竞争行为时有出现。比如，有些电子商务企业使用"今日特惠""仅限今日""明天涨价"等不实语言或者其他带有欺骗性、误导性的语言、文字、图片等标价，诱导顾客购买。为此，国家发改委、价格监督检查与反垄断局公开发布《关于规范网络零售价格行为的提醒书》，予以警示。2015年12月29日，国家发展改革委组织召开2015年度"双十一"第三方综合信用评价工作媒体通气会，中国改革报社会同国家信息中心、奇虎360等单位共同编制的《2015年"双十一"综合信用评价报告》显示，与两个月内的历史低价相比，"双十一"当天的促销价格中有53.6%的商品实际上是上涨的，实质性下调的只有34.6%。再比如，京东实名举报阿里巴巴在"双十一"促销活动中胁迫商家"二选一"，的确，国家工商总局发布的《网络商品和服务集中促销活动管理暂行规定》，明确规定从10月1日开始，电商平台不得"限制、排斥平台内的网络集中促销经营者参加其他第三方交易平台组织的促销活动"。

第二，"双十一"的盛宴助推了企业为了排名而刷单造假。很显然，如此重要的促销日子，每家企业都不甘心落后，都希望晋升前列，然而，现实是残酷的，销售额背后有多少水分也只有商家自知，但刷单已成为每年"双十一"饱受诟病的话题。以手机行业为例，销量前三名的华为、小米、魅族互相指责对方刷单制造虚假的交易额，这让国产手机"争第一"的光彩口号陷入尴尬的境地。有的专家估计，排名前列的企业存在的刷单量占交易量的1/3左右。

工商总局约谈了京东商城、百度、亚马逊中国、当当网、聚美优品、国美在线、1号店、携程网、苏宁易购、同程网、阿里巴巴、蘑菇街、贝贝网、腾讯、唯品会等15家网络经营企业，对电商的促销活动做出了明确的规定和要求，具体包括：促销活动组织者要严格落实促销信息事先公示、平台进入把关、促销信息记录和保存义务，不得限制、排斥竞争，攻击贬低竞争对手，限制、排斥促销经营者参加其他平台组织的促销活动。严格遵守"七日无理由退货"等法律规定，遵守促销信息规范和促销广告规范，不得发布虚假广告；遵守促销活动规范，不得先涨价再打折，借机以次充好，以假充真。

第三，"双十一"促销浪潮中，有的企业明显把此时期作为甩尾货的契机，更有企业以次充好、以假乱真，以低价格"迎合"消费者，损害消费者的权益。

据 2013 年中国行业研究网数据,当年"双十一"的退货率已达 25%,部分商家高达 40%。2015 年 11 月 11 日是新修订的《消费者权益保护法》颁布后的第一个"双十一",对于那些违法经营的企业而言,这是一个坏消息。有了"七天无理由退货"等消费者保护法新条款,消费者利用法律理直气壮地退货,导致 2015 年退货率较高,更有媒体报道某些平台近一半出现退货。

第四,"双十一"的短期集中促销,也增加了企业的运行成本。其一,促销期间需要大量备货,必然大幅度增加品牌制造商的备货量,有的品牌较平时增加 10 倍的人工成本及设备成本。其二,促销活动结束后的处理库存环节是对品牌方的第二大挑战,期间会产生处理库存大量的促销费用、人工费用。其三,就是客服,随着销量的增加注定会出现大量的退货退款以及更多其他的售后工作需处理,品牌方会增加较平时多几倍甚至十几倍的客服人员的人工成本。

关于推进"双十一"有序开展的建议

第一,政府有关部门必须对目前平台企业日益形成的垄断行为有所警觉,有必要对其垄断行为进行调查,防止它们的垄断行为,扼杀了其他中小企业的创新。对某些不正当竞争行为展开调查,严惩不贷。

第二,制造商与经销商之间一定要保持一定的利润,没有利润的实体是没有前途的。如果只是鼓励刷单,鼓励平台斩杀制造商与经销商,最终只能使得商业生态更加恶化、更加野蛮。我们不能为了虚假的促销繁荣,而鼓励造假,鼓励彼此欺骗,而使得国内外民众对中国的商业生态失去信心。

第三,适当疏导、合理释放我国的消费购买潜力。政府有关部门应当为国内消费者构建宽松的购物环境,让消费者放心消费;帮助消费者树立正确的消费观念,避免突击消费,理性消费;引导相关平台企业,实时释放购买潜能,而不必聚集一个时点,多层次、多时点、多形态做好促销工作。

其实,今年的"双十一"京东旗帜鲜明地打出了"认真购物,买点好的"的口号。这一理念的提出来自于以往"双十一"大促后消费者不佳的消费体验。京东从品牌、商品和服务等多个角度去顺应消费者的需求变化,倡导消费者拒绝冲动,理性消费,这种做法是值得肯定和推广的,它告别了以往的低价促销模式,而是通过"好物低价""极致服务"和"智能体验"三大举措引导消费者理性购物。

"剁手党"是如何炼成的？

刘宝宏[*]

一、何谓"剁手党"？

随着"双十一"购物节的影响日巨，"剁手党"也引起越来越多的关注。2015年12月，《咬文嚼字》发布的2015年度"十大流行语"，"剁手党"名列第八。那么，什么是"剁手党"？常见的定义是，那些沉溺于网络购物的人。问题是，如何界定"沉溺于网络购物"？解释现象，概念模糊必然无从下手，界定不清则可能南辕北辙。

容易理解，并非所有的网购者都是"剁手党"，也不是"买买买，买不停"的网购者就是"剁手党"。根据尼尔森发布的《2016"双11"营销热点调研报告》，90%以上消费者会把自己想要的商品提前放入购物车，且多是服装、鞋帽、家电、手机、数码产品等生活必需品。同时，也大多会提前制定"双十一"购物预算。所以，如果确实是消费所需，即便是"买不停"也属于理性消费，算不得"剁手党"。

"剁手党"之所以被归为"非理性消费者"，一个重要原因是"购非所需"，即买了很多令人后悔，根本不需要或用处不大的物品。与"按需购买"的理性消费相反，"购非所需"确实属于非理性消费。但是，"购非所需"仅是"剁手党"的必要条件，而非充分必要条件。因为，"购非所需"几乎是所有网购者的普遍特征之一。据调查，网购者中因"确有需要"而购买的只有19.15%，其他多达80.85%的人则是因"价格确实便宜""受周围人影响""被促销广告吸引"和觉得"手痒"。

"剁手党"与普通网购者的根本区别是，不仅"购非所需"，而且"不停买"。换言之，"剁手党"属于"知错不改，错上加错"类型的网购者，是网购者中的"异类"。

---

[*] 作者为东北财经大学工商管理学院副教授。

因此,"剁手党"不妨定义为"明知'购非所需'依然'不停买'"的网络购物者。显然,"剁手党"的行为与"理性消费"背道而驰,奇哉怪哉,令人好奇。既然"购非所需"为何还"不停买"?为什么会产生如此不理性的消费行为?不少人把"剁手党"的行为称为强迫性购物(compulsive buying),归因于"冲动控制障碍"之类的精神疾病。但是,倘若从行为经济学视角分析,"剁手党"炼成的原因恰恰不是"冲动控制障碍",而是"理性的非理性"。即是说,正是人的"理性"导致了"非理性",消费者越是"理性"越可能"剁手"。奇怪的结论吗?且听我慢慢道来。

二、交易效用与"捡便宜"

行为经济学家泰勒认为,人们在交易中获得的效用,应分为"获得效用"(acquisition utility)与"交易效用"(transaction utility)两种。[1] 获得效用是根据标准经济学理论得出的,相当于经济学家所说的"消费者剩余",即以物品所带来的效用减去不得不放弃的机会成本之差。对经济人而言,获得效用就是最终目的。只要消费者认为商品的价值远高于市场价格,这次交易就会产生大量的获得效用。但是,现实世界中的人却还会考虑交易的交易效用。所谓交易效用,就是消费者实际支付的价钱与"参考价格"之差,而参考价格则是消费者的期望价格。比如,你正在电影院看电影,买了一瓶水,水和你平时在家门口小超市买的一模一样,价钱却要高出五倍。这就会产生负的交易效用,即让你感觉"被宰"。相反,如果支付价格低于参考价格,交易效用就是正的,会让人感觉"捡了便宜"。显然,负的交易效用会阻止或降低人们的购买欲望,而正的交易效用,则会大大刺激消费者的购买欲望,乃至购买预期之外的物品。

根据国家信息中心等单位发布的《2015年"双十一"综合信用评价报告》,七大电商平台价格变化趋势基本相同,大部分促销商品都接近2015年最低价。其中,天猫促销商品"双十一"当天的价格相比上个月有大幅下降,服装配饰、大部分护肤和香水用品是降价主体;京东则以3C和家居用品作为降价主体。报告同时指出,部分商家通过虚构原价等手段设置价格陷阱,以"低价"进行宣传销售。

---

[1] 理查德·泰勒:《"错误"的行为》,中信出版社2016年版,第67—74页。

数据显示，750万件促销商品中，有52.99%出现了事先提价、当天降价的情况，少部分商品甚至提价高达200%以上。与两个月内的历史低价相比，"双十一"当天的促销价格中有53.6%的商品实际上是上涨的，实质性下调的只有34.6%。这一问题在畅销商品中尤为突出，先涨后降的情况占到了惊人的75.52%。

但是，无论是"真降价"还是"假降价"，对于"剁手党"来说都是"捡便宜"。一方面，商品原价是消费者的参考价格，打折价甚至"节日价"是消费者的实际支付价格，只要这两者之间存在价差，消费者就获得正的交易效用，就会有"捡便宜"的感觉。更何况，虽然有部分商家虚构原价欺骗消费者，但大部分促销商品的价格确实接近全年最低价。对消费者来说，如此一年一次的难得机会，又岂能轻易错过？据尼尔森发布的调研报告，六成以上消费者参与"双十一"主要就是为了打折和促销。另一方面，即便有商家虚构原价，又有多少消费者真能留意、能记住呢？对消费者来说，"卖价"与"标价"之间的差距，才是更让他们怦然心动的购买动力。所以，那么多消费者期待"双十一"的到来，甚至熬夜"抢购"，说白了，都是为了"捡便宜"。对店家而言，便宜就是竞争力；对消费者来说，便宜就是吸引力。

三、过度自信与"购非所需"

如果说正的交易效用（"便宜"）打开了疯狂购物的机关，那么，过度自信则是让消费者"购非所需"的元凶。消费大多是一个跨期选择问题，是通过今天的选择来满足未来的偏好。但是，在预估未来的偏好时，消费者总是过度自信，即过于相信自己能够把握未来的偏好。这意味，对"剁手党"来说，之所以"购非所需"，不是因为购买的物品出现了问题，而是因为收到货品后自身的偏好发生了改变。正所谓"山不转来水在转"。

Thunstrom等人于2015年发表在《经济心理学》上的最新论文，通过实验证明了跨期选择之中的过度自信。[1] 实验第一天，所有被试者首先在13种小吃中选出当前最想吃的2种（选什么就可以真吃什么），然后为一周及两周后的此时各选出2种最想吃的小吃，最后用一个百分数（从0分到100分）来说明有多大

---

[1] Thunstrom, L., Nordstrm, J., & Shogren, J.F.（2015）. Certainty and Overconfidence in Future Preferences for Food, *Journal of Economic Psychology*, 51, 101—113.

自信能实现自己的预估。一周及两周后,他们再回到实验室,每一次的步骤都相同:研究者把上一周的 13 种小吃重新呈现给被试者,要求他们从中选出现在最想吃的 2 种。这样,研究者就可以对比被试者上一次对未来偏好预估的自信程度以及未来实际做出的选择。结果发现,人们普遍确信自己能够掌控未来的偏好。当为下一周选择小吃时,被试者预估自己选择正确的可能性平均有 82.58%。将时间跨度拉长为两周后,自信程度虽然有所下降,但仍维持在 81.45% 的高位。但是,真到了下周或下下周,被试者的实际选择却纷纷"变脸"。一周后重新选择时,只有 45% 的人的选择与一周前的预估一致,两周后这一比率略有下降,为 44%。换言之,超过一半的被试者用实际选择否定了自己原以为会喜欢的小吃。显然,人们对未来偏好的预估与未来的实际选择之间发生了偏离,即使所谓的"未来"只有短短两周。

高退货率可作为"剁手党"过度自信以及"偏好改变"的一个直观反映。据《2015 年"双十一"综合信用评价报告》,2015 年 11 月 1 日—16 日,在 2453.4 万条交易商评论中监测到的商家退货率达 11.69%。考虑到大部分商品的退货并未在前台显示,实际退货率肯定远高于这个数字。尽管消费者退货不全是因为"偏好改变",但想来也应该占比不小。尤其是在当前不少商家纷纷提出"不满意就退货"的承诺下,消费者受"交易效用"的诱惑"买买买",稍有不满就可能"退退退"!"购非所需"的可能性当然大大提高。

此外,消费者的过度自信具有明显的性别差异。时间跨度为一周时,女性在当期偏好与未来选择之间的差值比男性高 10%;当跨度为两周时,该值上升至 18%。或许,这可以很好地解释,为什么女性"剁手党"更可能对自己已买的东西不喜欢,且随着时间推移,不喜欢的程度和概率越大的现象了。

四、心理账户与"购物快乐"

根据前景理论的"损失规避"原则,人们对损失和获得的敏感程度不同,损失的痛苦要远大于获得的快乐。所以,虽然网购的快乐多多,但倘若"一手钱、一手货",支付的痛苦则会降低购物的快乐,从而对购物的冲动起到抑制作用。但是,根据"心理账户"理论,由于存在着"支付分离","信用支付"往往可以将购物的快乐与付账的痛苦分离。因此,倘若消费者使用"信用支付",金钱丧失的消极感受则会被大大延迟，从而提升即时购物的快乐，刺激购物欲望。

康乃尔大学的Pettit教授等人通过实验证实了"信用支付"的痛苦延缓效应。[1]在实验中，他们限定了一组参与者必须使用现金，另一组则必须使用信用卡。随后，参与者们可以选择购买普通牛仔裤或高级牛仔裤，并选择愿意为其支付的价钱。结果表明，当参与者可以使用信用卡时，他们会选择购买高级牛仔裤并愿意为其支付更多价钱，而若只能使用现金消费，他们则只会购买普通牛仔裤，愿意支付的价钱也大大降低。

可喜也可悲的是，现在的"剁手党"有着越来越多的"信用支付"方式。近年来，各大电子商务网站的支付方式不断推陈出新。京东商城推出了"先消费、后付款"的"京东白条"；苏宁易购推出了小额消费贷款的"任性付"；蚂蚁金服则推出了"花呗"。可以预见，"白条""任性付""花呗"以及刷卡、货到付款等各种信用支付方式，不仅会显著提升消费者的购买能力，而且会大大减轻"下单的痛苦"，从而使因交易效用而燃起的购物热情更加高涨。直接结果是，"剁手党"不断地放纵自身的购物欲望，在享受"购物快乐"的同时，"购非所需"的程度也必将随之大大加剧。

2016年"双十一"数据佐证了上述推测。根据各家电商公布的数据，消费者使用"京东白条"后，消费能力提升98%，京东白条用户数同比增长800%，白条占京东商城交易额比例同比增长500%；任性付的新用户中，90后用户同比增长超600%，任性付移动端订单占比超90%，新买家较去年"双十一"同期增长562%；"花呗"支付总金额约268亿元，占总交易额22.2%，突破1亿人开通"花呗"，90后用户约为0.46亿人，占比高达46%，即每4个90后中即有一个开通"花呗"。在此，我们不禁有点好奇，那不断攀升的"双十一"销售额，有多少是因为"信用支付"支撑而悄然提升的？

五、"理性的非理性"

无论是正的交易效用、过度自信，还是心理账户都会使网购者"犯错"，突出表现就是"购非所需"，消费过度。但是，倘若网购者能"就此打住"，停止购买，

---

[1] Nathan C. Pettit1 & Niro Sivanathan.（2010）. The Plastic Trap: Self-Threat Drives Credit Usage and Status Consumption. *Social Psychological and Personality Science*, 2（2），146—153.

也仅仅是大多数网购者普遍具有的特征,与我们界定的"剁手党"还有本质区别。那么,又是什么因素导致网购者"明知购非所需依然不停买",最终沦为"剁手党"呢?答案是,消费者自身的"理性"!

根据认知失调理论,当个体的行为与态度产生矛盾时,为消除心理紧张,重新恢复平衡,主要通过三种方式减少失调:一是改变自己对行为的认知;二是改变自己的行为;三是改变自己对行为结果的认识。对于"购非所需"的网购者而言,倘若认识到自己的消费"不理性",可采取的减少失调的方式是:停止购买,或"不停买"。"不停买"意图通过"理性"的"再购买"来使原来的"不理性"达到一个新平衡,其结果是使网购者陷入"购非所需—不停买—购非所需—不停买"的恶性循环,并最终沦为名副其实的"剁手党"。

那么,为什么消费者越"理性"越容易选择"不停买"呢?经济学中"理性人"的核心内涵是收益最大化,即在能够获得的所有备选方案中选择自己排序最高的那个。根据行为经济学家施瓦茨在《选择的悖论》中的结论,最大化者总是朝着"最好"努力,但几乎永远无法对最终的选择感到满意,因而,也就最容易感到后悔,不满足。[1]所以,也就最容易陷入认识失调的恶性循环,沦为"剁手党"。反之,那些不是追求"最大化",而是奉行经济学家西蒙所提出的"满意为止"的满足者,面对"购非所需"的认知失调时,反而会选择"停止购买",从而避免成为"剁手党"。现实中"剁手党"大多都是"完美主义性格",就是上述理论推演的极佳佐证。

总而言之,网络购物难免会"购非所需",倘若消费者又是一个"最大化者",那么,就极可能沦为"剁手党"。所以,网络购物,做个"满足者"最好,"差不多就行",切莫太较真,太执拗。尤其是经济学人,网络购物时,务必要抛掉经济学思维!切记!切记!

---

[1] 巴里·施瓦茨:《选择的悖论》,浙江人民出版社 2013 年版,第 65—80 页。

从经济学角度看时尚

包 特*

随着人们生活水平的不断提高，中国人对于时尚的认知和追求在近些年都不断上涨。人们在欣赏时尚美的同时，也常常疑惑，人为什么肯花大价钱购买时尚衣装和配饰？世界时尚之都的米兰，巴黎为什么每年都要发布新的设计和潮流？时尚业的高价和成本匹配吗，会不会造成社会资源的浪费？

时尚业的高成本和急剧变幻的风向不仅让当今的人迷惑，也让早期的经济学家不解。早在19世纪，阿尔弗雷德·马歇尔在他的《经济学原理》里就希望"时尚界变化无度的邪恶潮流早日终结"。同时代的经济学家也大多认为，频繁变化的时尚造成的设备和投入品调整是极大的浪费，是违背工业化原则的。

进入20世纪以后，人类学家、心理学家和社会学家逐渐从社会符号的角度分析和理解时尚。人类学家和语言学家萨丕尔认为：虽然时尚不具有任何社会功能，但具有重要的符号意义。时尚是一种用以显示社会群体，或者彰显与其他群体区别的"徽章"。心理学家弗鲁格尔专门写了一本《服装心理学》的书来论证，时尚是社会竞争的反映，人有时会像孔雀一样通过外在美来彰显财富、地位或吸引力。在服装竞争中，社会的少数优势阶层通过购买昂贵奢华的服饰显示自己的财富和地位，与此同时，其他多数人群则尽可能通过购买和穿着一样或类似的服装来模仿优势阶层。因此，优势阶层必须不断追求不同款式的服装来与模仿自己的人区别开来，造成对于时尚业不断变化的设计的需求。

关于时尚，最近的最重要的经济学研究当属普林斯顿大学派森多福尔（Wolfgang Pesendorfer）教授于1995年发表在《美国经济评论》上的文章。他的文章巧妙地运用了一个"约会"和"信号发送"模型解释了人们对时尚的支付意愿和时尚变化的机制。他提出，在缺乏其他信息的情况下，时尚服装可以是人的

---

* 作者为新加坡南洋理工大学社会科学学院经济学助理教授。

协调工具。比如，之前不认识的男女第一次约会，如何对伴侣进行选择？假如高收入和低收入的人都愿意选择高收入的人作为约会对象，且高收入的人对于选择高收入的对象的支付意愿更高，那么他们就愿意花钱，通过某种方式把自己是高收入的人的信号发送给对方。而在实际生活中，最容易的方式就是买比较昂贵的时尚服装了。同时，假定时装是耐久品，那么随着时间的流逝，厂商不可避免地需要降价把衣服卖给更多的人，这个时候，低收入的人也可能买得起时装。那么高收入的人就有必要购买不同款式的新时装进一步区别自己。在知道这一点的前提下，厂商不停地更换设计来对高收入人群收取高价，也就变得有利可图。

总体来说，目前社会科学各学科对于时尚的研究还集中在大众群体对优势群体的模仿上。但在实际中，也有很多时尚潮流表现的主题是大众对于优势群体的背离和反叛，比如朋克艺术和摇滚乐，或者硅谷精英更喜欢穿牛仔裤而不是西装。未来的时尚经济学研究也许应该把目光投向这里，来获得对于社会潮流的一个更全面的理解和把握。

经济学家茶座 | TEAHOUSE FOR ECONOMISTS

淘宝的那些促销手段

李俊慧*

以前写过一篇关于"付邮免费"的商业模式的文章，很多"淘宝达人"可能会由此联想到淘宝上有"付邮试用"这个玩法。事实上，我很早就注意到淘宝有这个专区，并对它做过深入的思考。

为了写这篇文章，我特意上淘宝去翻找了一下这种只付邮费、商品本身号称"免费"的商品专区，找了半天才发现原来它现在被放进"特色购物"中的"试用"栏目下的"付邮试用"。看了一下那个专区的规定，发现它现在已经跟早期我所看到的情况完全不同，导致其性质已经彻底脱离了这种营销模式所声称的赚钱方式。

首先，现在这个专区因为是放在"试用"的栏目下，所以买家必须写试用报告来作为免费拿到商品的"回报"。其次，邮费被淘宝硬性地规定在一律10元，不准卖家自行调节，这就几乎没有了"虚增"邮费来变相收取价格的空间。姑且不论现在快递公司加了不少价，已经不容易找到当年5元那么便宜的运费，就算假设现在的运费依然是5元，要把成本压到5元之下以便还能给卖方带来利润，这难度实在不是一般的大。再看看那个专区里的产品，有一个是5斤重的黑甘蔗，这种重量恐怕10元运费都要倒贴相当一部分钱给买方的。

由此可见，淘宝现在的"付邮试用"已经是一种真正的优惠促销方式，而不是把价格转移到邮费上去的营销方式。这其实反而扩大了它的适用范围，不再非得局限于重量不大、市场行情稳定、品种单一的低价品上。

虽然号称"试用"，我看了一下买家写的试用报告，大多内容很水，不比以正常价格购买的消费者写的评论强多少——即使有差距，也实在对不起便宜了那么多的价格。由此可见，这个"试用"专区其实与实体店里限量免费赠送试用品

---

* 作者为中山大学经济学博士。

的方式没有太大区别，应该是用来推广新产品的，免费派送所造成的收入损失相当于是配合新品上市而相应付出的广告费。这比起直接卖广告可以更精准地把营销力量投放到目标顾客的优点，因为广告是被动观看，对产品毫无兴趣的人会对广告视而不见，广告漫无目的地投放到他们身上是浪费；而主动向卖家索要免费试用品的顾客起码对有关产品是比较感兴趣的，再加上通过他们亲自消费体验而形成的良好观感也比强行灌输洗脑的广告更有说服力。

这样，卖家只管确定他愿意为这场宣传活动付出多少广告费，然后除以产品原价加真实运费的总额，得到可以拿出来免费派送的产品数量，以此数量为限来安排用于宣传活动即可。事实上淘宝那个专区里一般的"试用"与"付邮试用"都限制了数量，不同在于一般"试用"划定时间范围，在那个时间范围内无论多少人去申请都可以，申请时间结束后由买家自行选择哪几个人获得试用产品；而"付邮试用"则是等同于秒杀，一旦申请试用的人数达到数量上限就立即结束。

我看不出一般"试用"与"付邮试用"二者有何本质的不同。一般"试用"是连邮费都免了，是真正的完全免费。而"付邮试用"多付那10元邮费在今天的快递纷纷加价的行情下也可以相信基本上真的都用在运费上了。但对消费者来说，当然是宁要完全免费的试用，则"付邮试用"怎么还能在完全免费的一般"试用"的竞争下生存呢？粗略一看，也能发现"付邮试用"的专区里产品种类寥寥可数——我看的那天只有16种，跟一般"试用"那边有多达近1000种商品的"琳琅满目"完全不能相提并论（试用首页那里列出部分产品，旁边注明"更多899款"）。而且因为等同于秒杀，每天规定开始申请领取的上午10点刚过便已经迅速被"领光"，其后一整天里就无人再来光顾。

但"付邮试用"依然还是生存下来了，凭什么？就凭这个专区的产品种类虽奇少无比，每种产品可供申请领取的数量却不少，都在1000份以上，最多的有3000份；但一般"试用"那边的产品却数量极少，最少的只有1份，多的也不过几十份，也就是"付邮试用"这边成功的概率相对比较高。显然，淘宝这个分类不是真的用是否要付邮来划分，而是用提供免费赠送的数量来划分，以1000份为门槛，大量赠送的卖家就给你补回邮费好减少点损失，少量赠送的卖家就让你索性全免费优惠做到底。

说到淘宝的"付邮试用"，还可以谈一下在淘宝出现的另一个近于免费、把大部分价格放到邮费里去的现象。

较早期的时候，淘宝的卖家有一个定价"伎俩"，那就是价格定得很低（如1元），但邮费定得比较高，明眼人一看就知道二者加起来其实跟正常的定价加正常的邮费是差不多的。虽然不是完全免费，但这种超低定价加高邮费的方式，是不是也是"付邮免费"的营销模式呢？

其实很多表面上看到的现象，其本质并非如此。早期的淘宝卖家这种定价伎俩确实是为了"骗"，但绝不是为了骗消费者——消费者是自私的，但不要以为他们是愚蠢的；这种伎俩其实是为了骗淘宝的"排价软件"！

众所周知，在淘宝里搜索商品时，可以选择"价格从低到高"排序。早期的淘宝是直接以店家所填写的价格去排序，于是定价特别低的商品就能出现在最前面的页面里。众所周知的是，消费者在搜索商品时是没有那个耐心看完全部页面——动不动就是几十甚至上百页，消费者根本不可能有时间精力全部看完。消费者只会看开头几页，所以真正有效的搜索只集中在开头几页，则卖家想出这个"伎俩"来骗取淘宝的"排价软件"把他的商品排在前面，自然就是不足为奇的了。消费者可没那么"蠢"，只算价格不加邮费，也就只有呆板的软件会犯这种错误。

当然，所谓"你有张良计，我有过墙梯"，淘宝的"排价软件"也很快针对这种"抖机灵"的卖家作出了调整。不久之后，在淘宝的搜索选项里就增加了一个"总价从低到高"的项目，而这个"总价"当然就是指把价格与运费加起来的总价了。这一方面是方便消费者不用自己去算总价，另一方面就是让这种故意把价格定低、将大部分价格转移到邮费里去的伎俩失效。此外，"包邮价"也迅速兴起，这反映了即使淘宝的"排价软件不作为"，卖家之间的竞争也会让一些卖家看到如此"方便"消费者准确计算总成本的定价方式是争取到一大批顾客欢心的大好机会。总是大量虚假低价的商品排在搜索开头的几页里，让消费者难以迅速找到真正对他有意义的信息时，这些商品虽然能抢占消费者的眼球，却不见得能让注意转化为购买。对消费者更贴心的安排，才能真正赢得消费者的心而不仅仅只是眼球，最终促成交易。

时至今日，淘宝的"排价软件"又作了更新，差不多是直接封杀了这种只求挤占搜索页面前几页的伎俩，那就是当消费者选择的是"价格从低到高"，而没有选"总价从低到高"，细心的人会注意到后面的价格范围里最低价格那个框已经被淘宝的"排价软件"直接填了一个价格进去，该价格绝不是1元，高低会随商品的不同而不同，淘宝是怎么定出来的我还没有确切的证据，但看那价格高低应该是淘宝根据大数据而判断的一个比较合理的"低价"。如我输入"哈伦裤女"这个关键词，淘宝上自动填入的最低价格是 18 元。这是哈伦裤里比较低的价格，但不至于低到 1 元那么离谱。那个最低价格，消费者是可以自己手动去改的，例如改成 1 元之后就能搜索出那些价格定得特别低的商品。我观察了一下，发现这类定价极低的商品大多数都设成包邮了，说明这类商品现在已经不是为了"蹭首页"，而确实是属于清仓甩卖的低价。

由上述分析可见，淘宝一直是致力于引导卖家促销就真促销，而不是打着促销的旗号把消费者引来关注、最后却发现仅仅是骗取眼球的花哨噱头。虽然消费者多半不会笨到上当受骗，但总是搜到这种最终没有转化为购买的无用信息，必然影响消费者的心情，形成"淘宝好多骗子"的不良印象，这对淘宝的整体形象毕竟是不利的，所以淘宝是有积极性去打击、抑制店家这类纯属博眼球的行为的。

当然，"上有政策，下有对策"，店家玩点花招以求增加点被消费者看到它们的存在的机会的方式还是会层出不穷，淘宝不可能完全杜绝——最近我就发现一种标示一个价格区间而不是一个确定价格的方式以引来消费者注意的新花招，最低价格定得很低，但大部分种类的商品其实适用的是区间内较高的价格。店家与淘宝的博弈会一直地继续下去，为我这种喜欢观察五花八门的定价行为的人源源不断地"免费"提供着一季又一季的"连续剧"……

谁损害了 CBA 联赛的品牌价值？

吕 伟*

前段时间看到新闻热议易建联"脱鞋"事件，觉得很有趣。因为球员该穿什么品牌的"球鞋"才能上场比赛，也成了一个大问题。以前我们看球，目光更多的是聚焦于比赛，而现在我们不光要关注比赛，更要花一些心思来关注一下球员穿了什么品牌的"球鞋"。

事件的起因在于，广东宏远对阵深圳新世纪的比赛中，易建联因觉得篮协赞助商李宁品牌的球鞋不合脚，将球鞋脱掉后扔在了赛场边。回到更衣室后，易建联穿着其个人赞助商耐克品牌的篮球鞋大步走向赛场要求参加比赛。但是，这下裁判不乐意了，因为篮协在其赛事规则中明确规定，所有球员只有穿着篮协赞助商李宁品牌的球鞋才能参加比赛，现在易建联要穿着个人赞助商耐克品牌的球鞋上场比赛，这不是公然在违犯篮协的竞赛规则吗？于是，裁判严格执法，不允许易建联上场比赛。但是，易建联何许人也，他可是当下中国篮坛的第一号巨星，其个人影响力和球迷号召力自不待言。可以说，很多球迷愿意花高昂的门票费来看比赛，就是冲着易建联而来，现在篮协因为一双不合脚的李宁牌球鞋，竟然不让易建联上场比赛，这下赛场球迷可炸开了锅。

有人愤怒地说，篮协的参赛规则简直就是坏到不能再坏的一条"恶法则"，易建联为什么不能穿着个人喜欢的球鞋参加比赛，俗话说"鞋合不合适只有脚知道"，他穿着不合适的球鞋比赛，对于身体健康非常不利，难道篮协不清楚吗？再说了，想穿什么球鞋比赛是个人的自由，篮协何以有权力限制球员选择球鞋的权利呢？况且，选择穿什么鞋比赛完全是个人的基本权利，篮协的参赛规则违反了此项基本人权，继而这一"恶法则"当然无效。

但是，篮协对此也有话要说，之所以规定所有球员必须穿着李宁品牌的球鞋

---

* 作者为新疆财经大学法学院讲师，法学博士。

才能上场比赛，完全是因为作为 CBA 赛事赞助商的李宁公司，在与之签订赞助合同时，明确规定了此项内容，篮协完全是为了履行与赞助商的合同约定，才规定了这样一条参赛规则。篮协的回答更不能让人满意了，因为人们会认为，篮协是以牺牲球员个人利益，而赚肥了自己的腰包。面对如此的言论，篮协觉得自己不被人理解，也很冤屈。他们之所以选择李宁公司作为赞助商，完全是因为李宁公司开出了 5 年 20 亿元的天价赞助费，而在以往篮协一年的赞助费顶多不会超出 1000 万，现如今李宁公司开出的天价赞助费，不得不让他们如此去规定，因为，这笔赞助费可以保障中小俱乐部在与豪门俱乐部的竞争中生存下来，也可以保障青少年球员培训有足够的经费，还可以保障没有赞助商的 WCBA 联赛的运营。由此来看，篮协这个"家长"也不容易，在公利与私利之间，篮协的价值天平倾向前者，无可厚非。

面对篮协的如此解释还是有人不满意，他们认为，如果一个联赛是建立在以牺牲个人利益为基础才得以运营的话，那么这样的联赛并非是一个真正意义上的体育市场。因为市场经济的主要法则在于充分自由竞争，政府不应干预市场的自由运行。篮协作为行政主体，为了兼顾其他公共利益，而罔顾个人利益，这显然是在运用行政手段这一"看得见的手"，对体育市场进行肆意干预。这么做的后果只会导致联赛失去竞争力，球员怠于比赛。

但是，在体育市场的竞争中，真的就不允许"看得见的手"进行干预吗？难道体育市场经济仅允许"看不见的手"存在吗？想必答案并非如此。因为，无论体育市场抑或篮协，都可能存在失灵的情形，为了保持体育市场的竞争，也为了不使得这种竞争秩序失控，这一市场之内，既需要"看得见的手"的有效监管与规制，也需要"看不见的手"对资源进行合理配置与调整。

可是，仍然有人说，篮协以行政垄断的方式，不允许球员穿个人赞助商品牌的球鞋，是个非常不明智的举措，因为经济学里有一句名言"不要把所有的鸡蛋放在同一个提篮里"。这个道理是说，篮协只会算小账，不会算大账，其完全没有必要以限制球员个人球鞋品牌的方式，来换取李宁公司的整体赞助。如果一个联赛只有一个赞助商，从表面上来看，篮协一次可以收获一笔可观的赞助费，但从市场的角度而言，这一做法也就等于排斥了其他企业品牌的进入，当其他品牌无法进入 CBA 联赛市场与之形成有效的品牌竞争之时，那么这个市场也就会失去影响力。因为，纵使 CBA 联赛品牌资源具有多大的优越性，它的资源稀缺性的特点因被高度垄断后，就不再具有竞争性了，而不具有竞争性的市场，只会降低CBA联赛的品牌价值。反过来看，允许球员个人赞助商品牌的存在，不但可以提高球员的个人价值，激发球员的比赛动力，还能够使CBA联赛市场始终处于一个开放的品牌竞争之中，保持各个赞助企业对CBA联赛品牌的关注度，而CBA联赛因为资源的优越性，只会在这种高度竞争中，提升自己的品牌价值。所以，篮协选择高度垄断下的单一赞助，而放弃高度竞争下的多元赞助，实在愚蠢至极。其收取高额赞助而限制其他品牌的进入，不但难以使联赛品牌价值增值，反而会使得联赛的品牌价值降低。

难道篮协真的就这么笨吗？想必未然。篮协实施的"经济行为"，同样符合"经济人"的特征，即基于自利的动机，在行为取舍时会追求自己所认定的福祉——照顾好自己和自己"家人"。它在面临选择的情境中也会权衡各种利弊得失，它会考虑手中握有多少资源，看看面临的外在条件，进而以个人的价值判断来进行取舍。也就是说，以上种种非议篮协都有所衡量，仅是在成本与效益进行计算时，它选择了公共利益优先。因为，如果篮协允许球员穿着个人品牌的球鞋上场比赛，会带来不利的后果。第一，李宁公司因为不能整体赞助，势必会降低赞助的费用，因为其品牌价值不可能在篮协这个优质资源的推动下，取得效益最大化的价值，其他企业品牌的存在，对李宁公司主赞助商的品牌会产生影响，因而，李宁公司必然会选择降低赞助费来平衡这种损失，以及迫使篮协选择整体赞助这一方案。第二，即便是允许球员个人品牌存在，并非是每个球员都有企业去赞助，拥有企业赞助商的球员，只会是少数明星球员，且多半是国家队队员，初步估算也就是10个企业左右，而这笔赞助费会流入这10余名球员的个人账户，而不会进入篮协的账户，而整体赞助是真金白银直接进入篮协账户，也就是说，整体赞助是篮协直接收益，多元赞助是通过竞争产生间接收益，这种收益可能需要一个相当长的周期才能够得以回收。

首先，篮协面对的外部环境，也迫使它选择整体赞助，因为中小俱乐部基本处在入不敷出的境地，他们的运营经费保障主要来源于篮协的分红，篮协只有拿出较高的分红，才能使得中小俱乐部摆脱财务困境，逐渐发展其与豪门俱乐部抗衡的实力，只有这样才能保障联赛的精彩程度，才能保证球迷的关注度。其次，青年球员的培养本来就是一个投入大于产出的活动，而没有好的青年球员，未来CBA就是失去下一个"易建联"，等到易建联老去后，仍然没有新的巨星出现时，观众对联赛的关注度势必会下降。最后，尽管人们对女篮的关注度较弱，但女篮是我国体育发展不可缺少的一部分，所以即使赔本赚吆喝篮协也必须挤出钱来保障女篮的项目运营，而这笔钱的筹措，就需要篮协手里有真金白银才可以做到。面对这样的一种外部环境，你还能说篮协笨吗？想必很难。可以说，篮协选择李宁公司作为整体赞助商的经济行为，完全符合篮协的利益，不但照顾好了自己，也照顾好了"家人"，这种选择是在利弊得失权衡下做出的取舍。所以，它的行为是理性而自利的，并非目光短浅。有些人说，篮协的做法损害了CBA联赛的品牌价值，罔顾了球员的个人利益，篮协规定的参赛规则是不正义的"恶法则"。这种主观的价值判断，可能会有助于展示情绪和激发共鸣，对于问题的解决却无济于事，因为实现公平、正义是需要付出代价的，篮协作为公共资源的供给者，也需要考虑成本。

公司董秘在融资中的作用

姜付秀*　石贝贝*

上市公司的董事会秘书（董秘）制度早在 1994 年就被引入中国资本市场，但这项制度的引进主要是为了满足企业在香港上市的基本条件，所以最初董秘在公司中并没有得到足够重视。随着中国资本市场的不断发展，董秘这一职位开始逐渐受到重视，2005 年新修订的《公司法》，更是从立法的高度将上市公司董秘界定为公司的高级管理人员，使得董秘这一职业群体逐步受到社会各界和资本市场的关注和重视。

由于董秘需要对公司生产经营和未来发展有充分了解，同时需要掌握证券法规，具备一定的财务基础，还需要很强的组织协调能力和沟通能力，因此，这些特质使得董秘在近些年迅速成为人才市场的"稀缺资源"。例如，2011 年开始实施的《深圳市人才认定标准》，将最近 5 年内连续 3 次获得《新财富》"金牌董秘"荣誉的人员认定为深圳市后备级人才。而高薪董秘也屡见不鲜。据统计，2013 年我国上市公司董秘的平均年薪为 42 万元，金融、汽车等行业的董秘年薪超过百万。尽管董秘这一职业群体的地位日渐提高，然而人们对于这一群体的质疑也从未停止。那么，董秘对于公司经营发展是否重要？他们能够发挥什么作用？

董秘在信息传递中的作用

资本市场是一个信息驱动的公开市场，上市公司的信息披露质量，直接影响企业内外部的信息是否对称，并在很大程度上影响资本市场配置资源效率。已有研究表明，高质量的信息披露能减少企业内部管理者和外部资本供给者之间的信

---

* 作者姜付秀为中国人民大学商学院财务与金融系教授；石贝贝为中国人民大学商学院财务与金融系博士研究生。

息不对称现象，降低投资者预估未来的风险水平，进而降低企业外部融资成本，缓解企业融资约束。因此，如何提升上市公司的信息披露质量，减少企业与外部利益相关者之间的信息不对称的现象，成为学术界、实务界以及监管部门共同关注的焦点话题。

高质量的信息披露以及资本市场上的信息中介能够降低企业内部管理层和外部资金供给者的信息不对称的现象，同时，也能促进投资者的有效监督，进而降低企业外部融资成本，缓解企业融资约束。然而，信息不对称现象的减少不仅取决于企业所披露信息本身的质量以及信息中介的分析与解读，还取决于信息披露者自身的素质。根据资本市场信息传递的过程，企业的信息在生成之后，首先由信息发布者披露，然后经由相关的信息中介，如分析师、机构投资者等进行分析解读，最后传递给信息接收者，如资本市场上的投资者；抑或是由信息发布者直接传递给信息接收者。无论如何，信息发布者都会参与信息传递的过程。

董秘作为上市公司信息披露的"窗口"，在信息传递过程中发挥着重要的作用。目前实施的《股票上市规则》明确规定了董秘的六大职责，其中最为重要的两大职责是负责公司信息披露事务和协调公司与投资者之间的关系。《上市公司信息披露管理办法》第四十五条指出："董事会秘书负责组织和协调公司信息披露事务，汇集上市公司应予披露的信息并报告董事会，持续关注媒体对公司的报道并主动求证报道的真实情况；董事会秘书负责办理上市公司信息对外公布等相关事宜；财务负责人应当配合董事会秘书在财务信息披露方面的相关工作。"上海证券交易所《上市公司董事会秘书管理办法》第一章第三条指出："上市公司董事会秘书是上市公司与本所之间的指定联络人。本所仅接受董事会秘书或代行董事会秘书职责的人员以上市公司名义办理信息披露、公司治理、股权管理等其相关职责范围内的事务。"与此同时，上海上市公司协会发布的《上市公司董秘制度研究与履职情况分析》发现，在董秘日常工作中，信息披露的重要性和花费的时间均占第一位，其次是处理公司与投资者之间的关系。具体来说，就信息披露事务而言，董秘除了按照相关规定进行信息披露，还需要在合理的范围内尽量满足投资者的需求。而在实际操作中，如何掌握信息披露的尺度，高效地进行信息披露，取决于董秘的个人经验与专业素质；就处理公司与投资者之间的关系而言，董秘通过接待投资者来访，回答投资者咨询，向投资者提供公司披露的资料等方式，在一定程度上可以减少企业与外部投资者之间的信息不对称现象。

董秘财务背景对融资的重要性

现实中，很多上市公司由财务总监兼任董秘或者聘任那些有财务经历的人士作为专职董秘。例如，在美国，许多公司的投资者关系管理事务由财务经验丰富的 CFO 负责。根据美国国家投资者关系协会（NIRI）公布的 2005 年投资者关系执行人评估调查报告，69% 的美国公司投资者关系管理由财务总监负责。就我国而言，通过对上市公司的统计，我们也发现了一个现象：负责上市公司信息披露的董秘，越来越多地由拥有财务经历的人员担任。数据显示，有财务经历的董秘占比从 2000 年的 19.22% 上升到 2013 年的 38.70%。其实，这一现象是有其合理性的。众所周知，董秘作为连接上市公司与外界利益相关者的桥梁，其最为重要的职能是负责上市公司的信息披露以及投资者关系管理。无论是公司的信息披露还是在投资者关系管理事务中，财务会计信息都占据核心地位。同时，证券类法规也对董秘的任职资格作出了相关规定，要求董秘应具备财务审计、金融投资等方面的工作经验。由此可以合理推断，有财务经历的董秘能够更好地做好公司信息披露工作，减少企业与外部投资者的信息不对称现象，进而在企业融资中发挥重要作用。

根据"高层梯队理论"，公司高管的背景特征，如教育、工作经历、年龄、性别、任期等会影响他们的行为决策，并进而影响他们领导公司所采取的行动和公司绩效。相关研究也为管理者行为受其工作经历影响提供了相应的证据支持。在某一领域的长期任职经历会使高管在该领域具有专业的知识和选择性认知，从而能更容易、更有效地关注和解读该领域的信息，并能做出合理的决策。因此，作为专职负责公司信息发布的高级管理人员，董秘的任职经历可能会直接影响信息传递的过程及其决策效率。而拥有财务背景的董秘，由于具有较高的财务专业素养，能够更有效地传递信息、管理投资者关系，进而减少企业与外部投资者之间的信息不对称现象，从而缓解企业的融资约束。

财务会计信息在企业信息披露中占据核心地位，并且也是投资者最为关注、咨询最多的信息。考虑到财务信息的专业性和复杂性，譬如可能涉及会计准则的解读、会计方法的选择与变更、合并报表、关联交易、再融资等专业性较强的问题，就要求董秘有相应的专业知识和专业经历给予投资者以解答。同时，有财务经历的高管在其职业生涯中学习过较多的财务理论知识，长期的实践使得他们对财务理论有较高的理解能力和应用能力，因此，在处理财务问题时他们往往具有较高的专业素养，并且对资本市场环境以及税收政策等的变化也更加敏感。此外，已有的研究也发现，有财务经历的高管更加熟悉企业财务状况，对公司的财务政策有更深刻的理解。因此，我们认为，董秘的财务经历使其能够更加深入地与投资者沟通公司的相关财务会计信息，并且深入分析财务数据背后所隐含的经济含义，确保信息披露的完整性和信息解释的专业性、可信性和可理解性，从而减少公司与投资者之间的信息不对称现象，降低外部融资成本，进而缓解企业的融资约束。

同时，由于拥有财务经历的高管对财务信息和资本市场运行有着较为深刻的了解，因此，作为上市公司高管的董秘，他们的财务经历也使其熟悉信息披露的技巧。事实上，因为信息披露涉及披露成本问题，并且有些信息还会涉及商业机密，因此，并非公司的一切信息都应对外披露。否则会影响公司的利益，这时董秘就必须凭借其专业能力对公司相关信息是否可以披露、如何披露及披露后的影响进行判断。因此，如何进行信息的筛选、整合以及披露就显得尤为重要。已有研究发现，在涉及资本市场相关问题时，具有财务背景的高管是更好的信息沟通者。因为他们能更好地了解投资者需求，更好地掌握信息披露的尺度，比如他们明白应该披露何种信息、应该何时披露信息，并且了解不同类型投资者对信息的不同需求等，从而能够有效地进行信息披露。因此，董秘的财务经历使其更能充分发挥其专业优势，提升信息披露的质量，从而更好地减少企业与投资者之间的信息不对称现象，降低企业外部融资成本，进而缓解企业融资约束。

更为重要的是，正是因为有财务经历的董秘在信息披露方面的专业性，使得他们受到更多的分析师跟踪，从而更好地提升了企业的盈余信息含量，减少了企业的信息不对称现象。众所周知，分析师作为上市公司与资本市场的信息中介，其信息搜集与整合活动也是投资者获取信息的重要途径。而董秘在日常工作中也会花费大量的时间和精力与分析师接触，通过接受电话访问、接待实地调研、参加券商投资策略会等形式解答分析师的问题和困惑。因此，有财务背景的董秘也会通过有效的信息披露与信息沟通向分析师提供高质量的信息（这些高质量的信息会吸引较多的分析师关注），从而间接影响投资者接收的信息质量。此外，有财务背景的董秘由于负责专业性信息披露工作，在市场上积累了很好的声誉，譬如说获得了证券交易所较高的评级，赢得了投资者的信任，从而也为企业融资提供了一个良好的市场条件。

我们针对中国沪、深 A 股上市公司于 1999—2013 年的研究表明，有财务经历的董秘吸引了更多的分析师跟踪，增加了分析师预测的准确性，降低了分析师预测分歧度，提升了企业的盈余信息含量，进一步地，有财务经历的董秘降低了企业的融资成本（权益成本），缓解了企业的融资约束；并且董秘从事财务工作的时间越长、专业水平越高，这种作用越大。这一结论对企业制定科学合理的决策以及缓解融资问题具有重要的启示意义，即降低企业的信息不对称、缓解融资约束不仅要重视信息中介以及董事会、经理层等这些高管的重要作用，还要重视并发挥董秘在信息传递过程中的积极作用。此外，这一发现也为证监会加强对董秘任职资格审核以及进行董秘培训提供了一定的启示意义。

【经济随笔】

农民进城买房的资产负债分析

郑联盛*

作为拥有 13 亿人口的大国，2015 年我国城市化率为 56.1%，实际上，如果是以户籍为标准来衡量城市化率要远远低于这个水平。这说明我国实质上至少还有约一半人口是农民。随着经济发展和社会进步，大型城市的生活已经逐步接近发达经济体的水平，成为很多农民以及农民子女向往的生活。

农民变市民的方式

大城市生活成为一种向往，这种向往与大城市的要素资源和公共服务集中是紧密相关的。这种向往使得很多农民想成为城里人，但是，农民转市民的可选择方式实际并不多：要么到城里打工，要么获得城里的户口，要么买房入户。

到城里打工，是广大农民接触城市生活最为普遍的方式，但是，他们大部分要么被统计在常住人口之中，要么被统计在流动人口之中，他们享受的大城市的繁华非常有限，"农民工"甚至成为一个非中性的称谓，他们也没有真正融入城市的生活之中。

农民为了获得城市户口所面临的难度也不小。一线城市和很多二线城市对于落户实际上是有要求的，户籍制度成为农民接近城市、融入城市的重要制度制约。获得城市户口主要是两种方式：一是上学获得户口；二是买房获得户口。对于大型城市，农民获得城市户口的可能性很低，诸如积分制落户的方式对农民更多是一种疏远而非融合。不过，农民的儿女还是存在机会的。农民子女融入城市生活的重要方式就是通过上学，用我们农民的话讲就是：鲤鱼跳龙门。

在很多地方农民到城市买房成为其转变为市民的最为直接方式。对于较为殷

---

* 作者为中国社会科学院金融研究所副研究员。

实的农民家庭,到城里买房不仅成为一种重要的投资方式,是农民转变为市民最为便捷的途径,也是农民最为满意的一种方式——因为在城市里买房,可以实现全家人的城市化,用时尚的语言就是"有房、有家、有爱"。同时,在很多城市,买房可以解决户口问题,农民就变成了统计意义和户籍意义上的"双重"城市人。

但是,随着我国房地产市场的快速发展,特别是 2009 年以来大约两个周期的房价上涨,大城市的房价已经非常之高。农民为了成为城里人,他们到城里买房落户,会给他们带来更好的生活吗?为了讨论的方便,这里以农民的资产负债表变化来作为衡量指标。这当然是一个非常不客观的指标,也不是一个可以完美形容农民身份转变的描述。几辈子都是农民,一下子成为城里人,怎么用一个简单的指标描述呢?

农民买房前的资产负债

我们以农民 A 作为研究对象。农民 A 生活在山东某市的农村地区。农民 A 家庭有三人,农民 A 今年 55 岁、太太今年 52 岁和儿子今年 27 岁。农民 A 和太太在家务农,有 4 亩地,平时可以打零工,年净收入约 2 万元。老两口参加了农村基本养老保险和基本医疗保险。农民 A 的儿子大专毕业在济南一家制造企业工作,很遗憾没有城市户口,但是,生活基本可以自给,每个月税后收入大约 4000 元,存款基本为零。儿子有女朋友,不过,女友也是农村到济南上学留在济南工作,经济状况与儿子相当。我们首先看看农民 A 一家的资产负债表。农民 A 有一处农家院,家庭存款 20 万元且没有负债,这个家庭在农村应该算是小康家庭了,家庭财务状况应该也是不错的。

表1 农民 A 买房前的资产负债表

	资产	负债	备注
老两口	面积 160 平方米农家院	0	估值 8 万元
老两口	4 亩地	0	年租可得 3000 元、长租 20 年约 7 万元
老两口	20 万元存款	0	
儿子	0		
总计	35 万元	0	0 负债

为了过上大城市的生活以及给儿子未来结婚提供物质基础,农民 A 下定决心到城里买房。由于老家在某市(离济南 3—4 个小时车程)、儿子又在济南,老两

口非常纠结是在当地城里买房还是在济南买房。在当地买房的好处是老两口基本可以继续干农活儿，闲时再去享受城市生活；在当地买房的坏处是儿子必须重新就业，而现在工作难找，即使找到工作也需要儿子花时间和精力去适应新工作。在济南买房的好处和坏处正好和当地买房相反。最后，老两口认为还是孩子的将来更加重要，"一切为了孩子"，决定在济南买房。

在计划买房过程中，老两口又在纠结了：是买个两居室，还是买个三居室呢？儿子已经到了婚嫁年龄，三居室可以一步到位，以后老两口抱孙子甚至孙子上学也能住得开。两居室虽然短期也能满足需要，但是，长远一点可能就不够住。老两口心想：还是老家的院子宽敞，北屋三间南屋两间。又考虑到了房价走高，老两口最后还是决定买个两居室。儿子还挺自知，认为自身没有存款，工资也一般，对老人的决定不持异议。

买房后的资产负债

老两口跑到济南为儿子看房并决定买房。老两口对济南非常喜欢，泉水都是甜的，还可以免费打水回家烧水，城里生活真是好。但是，当二老看到房价的时候就开心不起来了。济南新房中比较好的楼盘是每平方米 15000 元，高端楼盘甚至超过 30000 元。位置和品质中等的房子基本是每平方米 10000—13000 元。只有比较远、配套还有很大改善空间的楼盘是 7000—8000 元。最后，一家人商量还是需要考虑到儿子上班的实际要求、未来生活的便利性还有未来孙子的就学（老人考虑真是周全长远），决定买个每平方米 10000 元的房子，两居室面积为 90 平方米，总价 90 万元。虽然这个项目需要到 2017 年 12 月底交房，开发商竟然良心发现说现在签约买房可以送 7 平方米，凑成一个三居室，一家人开心得不得了，并就此决定买下房子。但是，这个楼盘年初一平方米才 7000 元，老伴儿一想起这就怪老头儿行动太慢，一下子糟蹋这么多钱。

农民 A 一家为了筹钱买房真是煞费苦心。根据政策这是首套普通自住型住房，首付可以三成，但是月供需要 3600 多元，这对于未成家、税后收入只有 4000 元的儿子而言，压力太大了。为了缓解儿子的压力，老两口和儿子决定向亲戚朋友借钱，凑够 45 万元首付款，其中老两口借来 20 万元，儿子借款 5 万元。最后，再由儿子向银行商业贷款 45 万元，还款期限 25 年，等额本息 4.9% 的基准利率，月供2605元。此时，农民A一家的资产负债表变成如下：

表2 农民A买房后资产负债表

	资产	负债	备注
老两口	面积160平方米农家院	0	估值8万元
老两口	4亩地	0	年租可得3000元、估值7万元
老两口	0存款	20万元借款	
儿子	0存款	5万元借款	
儿子	面积90平方米、目前价值90万元的公寓	本息109万元	45万元商业贷款、46.4万元利息、估值90万元公寓
总计	105万元	134万元	净负债率为27.6%

在买房之后，农民A一家的资产端迅速扩大，从35万元价值的资产飙升至105万元的资产。但是，负债增长更快，净负债率从零到27.6%。在农民买房的过程中，他们获得了城市的房产以及未来的城市生活，但是，从家庭角度看，买房过程也是一个家庭资产负债表加杠杆的过程。

买房后：房价暴涨的资产负债

农民A一家买房之后，儿子结婚有保障了，一家人都变成城市人，生活应该非常幸福美满。不过，考虑到他们买房是一个加杠杆的过程，我们略微有点担心他们抵御未来风险的能力。我们做两种假设：一种是房价上涨，一种是房价下跌，来看看对于农民一家的资产负债表会有什么影响。

假设房价短时间内大幅上涨30%，并持续维持在13000元左右的水平。这里为了讨论方便，都是假设价格是瞬间变化的，并且没有交易成本（实际上这个过程中存在税收、维修基金等不菲费用）。在这一过程中，农民A一家资产迅速升值，但是，负债没有变化，净负债率迅速降低至1.5%，可以认为是基本没有负债。在房价快速上涨的过程中，资产价格的变化可以迅速使得家庭的负债率降低，以前的杠杆被去掉了，家庭资产负债表又变得非常健康。理论上，如果房价上行30%，农民A一家又获得继续加杠杆的空间。

如果这个时候，农民A选择卖掉房子，可以获得117万元的房款，偿还银行和亲戚朋友的债务共计70万元（因为银行利息不需要再还了）以及自身20万元存款，那么，农民A就可以获利27万元，这就是房子涨价给他带来的收益。房子短期价格上涨给农民 A 带来的收益，比其过去长时间劳作所积累的积蓄更多。从这一点看，在一个房价上涨的历史进程中，农民最好的选择是买房，而不是种田。

表 3　农民 A 买房后房价暴涨时的资产负债表

	资产	负债	备注
老两口	面积 160 平方米农家院	0	估值 8 万元
老两口	4 亩地	0	年租可得 3000 元、估值 7 万元
老两口	0 存款	20 万元借款	
儿子	0 存款	5 万元负债	
儿子	面积 90 平方米、目前价值 117 万元的公寓	本息 109 万元	45 万元商业贷款、46.4 万元利息、估值 117 万元公寓
总计	132 万元	134 万元	净负债率为 1.5%

买房后：房价暴跌的资产负债

考虑到市场可能出现另外一个方向的变化，即房产价格下跌，我们也做一个情景模拟。假设农民所买的房子迅速贬值 30%，并长期维持在 7000 元水平，也就是回到 2016 年年初的水平。在这个时候，农民 A 房产价值迅速缩水，只剩 63 万元，但是，其负债并没有改变，为此净负债率迅猛提升至 71.8%。如果农民 A 选择在房产价格下跌后"割肉"出局，那么，63 万元房款还不够偿付银行 45 万元贷款、儿子借款 5 万元以及自身借款 20 万元（三者合计 70 万元），出现净负债 7 万元。更值得注意的是，农民 20 万元的储蓄已经被房价下跌所侵蚀。房价暴跌使农民 A 从拥有 20 万元净储蓄变成拥有 7 万元净负债，使农民从一个资产负债优良的状况变为一个资产负债几乎破产的状态，农民需要辛苦劳作 4 年才能偿还这个债务。

表 4　农民 A 买房后房价暴跌时的资产负债表

	资产	负债	备注
老两口	面积 160 平方米农家院	0	估值 8 万元
老两口	4 亩地	0	年租可得 3000 元、长租估值 7 万元
老两口	0 存款	20 万元借款	
儿子	0 存款	5 万元负债	
儿子	面积 90 平方米、目前价值 63 万元的公寓	本息 109 万元	45 万元商业贷款、46.4 万元利息
总计	78 万元	134 万元	净负债率为 71.8%

更坏的情况是，农民一家舍不得卖掉房子，舍不得离开这座充满繁华的城市，选择继续坚守。那么，农民的净负债率就是 71.8%，家庭没有存款，并且他一家每个月需要偿还银行贷款以及 25 万元借款，农民 A 一家的生活就非常之艰辛。用金融学的语言，农民 A 的家庭可能随时会发生流动性危机，因为其负债／收入比达到 88.5%（儿子月收入 4000 元，加上老两口收入 1200 元左右，此处假设老两口可以在济南找到工作且与在农村具有相同的收入），而这个比例的临界值是 40%。

农民进城买房成为城里人，是城市化大潮下的必然趋势。但是，在房价节节攀升的过程中，我们需要考虑到农民进城买房的影响：第一，农民进城买房，如果是采用贷款方式，那就是一个加杠杆的过程。第二，房价的走势决定农民加杠杆是否面临重大风险，如果房价继续上涨，农民杠杆率自然下降甚至有利可图；但是，如果房价发生大幅下跌，那么农民杠杆率进一步升高，农民资产负债表存在恶化甚至破产的可能性。第三，农民买房是一个储蓄消耗的过程，不管房价是否下跌，农民买房使得储蓄资本化为房产的价值，农民的财富从储蓄转变为房产。更重要的是，如果房地产价格出现较大幅度下跌并较长时间内维持在较低的水平，那么农民在城市的房产就会贬值，由储蓄支撑的房产价值就大幅缩水。

从整个宏观经济讲，农民买房和房价下跌过程中，如果农民没有新的收入来源增加储蓄，居民储蓄就会被大量消耗，未来储蓄投资的转换将更多依靠企业部门的储蓄和政府部门的储蓄。但是，企业和政府的债务水平目前是在逐步提升的，企业部门和政府部门的储蓄可能没有农民的储蓄那么"老实巴交"，未来我们宏观经济储蓄投资转换机制的储蓄基础在哪里？

【经济随笔】

健康、教育和物质资本，谁对经济增长更重要？

王弟海*

在各国经济发展过程中，健康支出在整个经济中的地位都变得越来越重要。例如，根据经合组织卫生局的数据，1960年美国健康支出在GDP占比为5.1%，1990增长到11.9%，2006年增长到15.3%；日本这一比重在1960年、1990年和2004年分别为3.0%、6.0%和8.1%。健康支出的增加，固然是人们收入增加的结果。因为健康作为人们生活追求的目标之一，其支出肯定会随着收入的提高而提高，在GDP占比也会随之提高。正因为如此，所以目前各国的财政预算和政府开支中，健康支出都是作为一种"纯消费"花钱项目出现。但大量有关个人和家庭层面的微观数据研究都表明，个人健康水平会直接影响其劳动供给、个人产出和收入水平。因此，同教育一样，健康也是一种人力资本。既然健康也是人力资本，那么健康水平和健康支出的提高就不只是经济增长的"副"产品，应该是经济增长的动力之一。健康是否能促进经济增长呢？遗憾的是，经济理论已经证明，健康不能促进长期经济增长。更悲观的是，经济学家甚至认为，健康水平的提高甚至可能是导致长期经济增长停滞的主要原因。同样作为人力资本，为什么教育和健康如此不同？另一方面，新古典经济增长理论证明，尽管物质资本投资不能带来长期内生经济增长，但短期内物质资本投资仍是促进各国经济增长的主要原因。那么，健康投资在短期内是否对产出和经济增长有影响呢？健康、教育和物质资本这三者间对经济增长的影响有什么不同呢？

健康、教育和物质资本有何不同

虽然都能提高生产能力，但健康、教育和物质资本在投资目的、物质商品生

---

* 作者为复旦大学经济学院教授。

产中的作用,以及各自积累的方式等方面都存在不同。

第一,个人投资健康同投资教育和物质资本的目的不同。身心健康是人们生活追求的主要目标之一,尽管健康状况也会影响到个人的工资和收入水平,但个人健康投资主要是为了追求健康服务所带来的效用,而不是为了健康的人力资本属性。健康对个人来说更像是一种消费品。因此,决定健康投资行为的不是其生产属性,而是其消费属性。相比之下,人们投资物质资本和教育的主要目的都是为了提高生产力水平,是基于物质资本和教育人力资本的生产属性。从数理经济学上讲,健康会同时进入生产函数和效用函数,而物质资本和教育只进入生产函数。

第二,健康、教育和物质资本在提高生产能力的性质方面也有所不同。在现代化生产中,工具或者说物质资本是个人生产的先决条件,物质资本积累是一国经济起飞并入发达国家行列的必要条件。物质资本的数量和质量直接决定了个人生产能力的大小。物质资本是一种同劳动者相对的、生产中必不可少的生产要素,它是作为一种同劳动相对的生产要素进入生产函数的。教育和健康则不同,它们都是作为影响个人劳动能力的因素内化在劳动力中的。也正因为如此,经济学中它们被称为人力资本。在生产函数中,它们都表现为倍增的劳动供给。不过,作为人力资本,教育和健康也存在重大差异。健康作为人力资本主要是提高个人的劳动供给时间以及延长工作年限,以及提高个人所能承担的工作强度和工作效率。从整个社会来看,健康水平还可能会影响社会人口的劳动参与率。在生产函数它主要表现为劳动供给数量的增加。教育的增加则主要表现为个人劳动技能的提高,它在生产函数中主要表现为有效劳动时间的提高。

第三,就这三种资本的形成过程(即这三种资本的生产函数)和积累来说,健康、教育和物质资本也存在不同。由于消费品可直接转化为投资品,物质资本很多时候都可通过把物质商品作为投资来形成,因此,物质资本的生产函数就是物质商品的生产函数。经济学中甚至直接就把物质资本投资定义为物质资本的增加。当然,有时会存在投资形成成本,这使得单位物质的形成需要超过一单位的物质商品投资。教育人力资本的形成要稍微复杂些。由于教育人力资本是无形的,教育是一种同物质商品生产完全不同的活动,经济学中一般都把教育的形成或生产作为一个不同于物质商品生产的部门来处理。不过,由于教育人力资本的生产或形成也需要生产普通商品一样的生产要素,包括物质资本、劳动要素以及人力资本等,在经济模型中,教育生产通常表现为一个同样需要物质资本、劳动要素以及人力

【经济随笔】

资本，但不同于商品生产函数的教育生产函数。由于教育生产需要的要素同商品生产一样，教育人力资本的积累会挤出物质产品的生产和物质资本的积累。

健康人力资本的生产和形成则更为复杂。首先，健康投资，包括消费者的休息时间、购买医疗保健和医药治疗等方面的服务和商品、加强身体锻炼、提高饮食质量水平，以及改善住宿条件等，它们都是影响个人健康水平的重要因素。在个人的实际生活中，个人短期内能够影响自身健康状态的决策行为主要是这类健康投资行为。这种健康投资所形成健康人力资本同教育投资形成教育人力资本类似，它也会挤占物质资本积累和教育投资。在经济模型中，这类型的健康人力资本生产一般可表现为一个需要物质资本的健康生产函数。但是，健康人力资本的形成还同内含在食物消费中的营养水平有关。因为食物消费和营养水平的提高能使人免于营养不良，降低生病率，提高个人劳动参加时间；能改善整个人类的体魄和身体结构，如提高平均身高和体重以及改善身高体重比等，增强抗病能力，降低死亡率，提高个人所能从事的劳动强度；从整个社会看，食物供给的增长还能够缓解饥荒危机，降低社会人口死亡率和提高社会人均寿命。因此，消费及其所决定的营养水平也是影响健康的重要因素，而且越是不发达国家，食物消费和营养对健康的影响越大。食物和消费水平对健康的影响，对于不发达国家和地区的人们更为重要。因此，在构建健康的生产函数时，可能不但要考虑健康投资对健康生产的影响，还要考虑消费对健康的影响。此外，如果考虑到社会健康人力资本的动态变化，则公共卫生环境、医疗和医药方面的科技进步，以及知识和教育水平的普及和提高也可能会影响一国健康水平。健康和教育的这一区别意味着在分析教育对经济增长的影响时只需要考虑来自教育投资的教育人力资本即可，但在分析健康对经济的影响时，就必须考虑来自不同方面的健康人力资本，而且不同途径产生的健康对经济增长的影响还同经济发展阶段有关。

除了三种资本的形成（该资本的生产函数），它们各自的折旧也是影响其积累的重要因素。健康、教育和物质资本的折旧也表现出差异性。物质资本的物质折旧一般只同物质资本自身的形态有关，其价值折旧（也称为精神折旧）可能还同技术进步有关，但同健康和教育的性质无关。教育人力资本的折旧一般由教育人力资本的载体——劳动者的死亡率来决定。由于健康水平会影响死亡率，健康水平的提高会降低教育人力资本的折旧率，提高教育投资的净收益。健康人力资本的折旧同个人维持其健康状况的成本有关。一般来说，由于个体的生物技能在一定的健康程度和年龄范围内具有自我修护的功能，所以，在一定的年龄范围内，健康折旧率几乎为零，但当年龄超过一定范围时，健康折旧率可能会随着年龄的提高而增加。由于一国健康水平会提高其人均寿命，因此，像巴罗等经济学家都认为，健康折旧率可能是健康人力资本的增函数。[1]

健康、教育和物质资本对经济增长的影响

健康、教育和物质资本的差异使得它们对经济增长的影响完全不同。由于物质资本边际生产力递减，虽然短期内物质资本积累能促进经济增长，但物质资本不能带来内生经济增长，因而不能依靠它来促进长期经济增长。教育作为人力资本，由于它能提高单位劳动的有效生产力，使得生产函数在宏观层面上呈现出规模报酬递增，从而使得社会整体投资在物质商品的生产上不再出现边际生产力递减，所以能带来内生经济增长。经济学家认为，当今各国间人均收入和产出的差距大部分可归因于为各国教育人力资本的差异。健康对经济增长的作用要更为复杂。如果要把健康对经济影响的所有渠道都考虑进来，关于健康到底会如何影响经济增长，经济学界至今没有定论。其实，在经济发展的不同阶段，由于健康起主导作用的特征性功能不同，健康对经济增长和发展作用也不相同。

为了理解健康对经济增长的作用，不妨先只考虑健康通过效用函数和生产函数对经济增长的影响。首先，如果只考虑来自健康投资的健康人力资本，即使存在教育人力资本，具有健康要素的经济中也存在一个没有内生经济的均衡状态。在这一均衡状态下，人均产出、人均消费、人均健康水平和人均教育人力资本都以同一速度增长，经济增长率由外生技术进步率决定。这一结论就表明，健康投资不能促进长期经济增长，而且它会耗尽教育人力资本所带来的内生经济增长。之所以如此是因为：一般来说，健康人力资本提高劳动生产力的效应和它通过提高教育投资净收益而促进教育人力资本积累的效应会倾向于促进经济增长，但健康投资也会由于挤占物质资本投资和教育投资而抑制经济增长。只有当健康投资通过提高劳动生产力和促进教育人力资本积累所带来的边际收益等于健康投资挤

---

[1] 当然，由于个人的知识文化水平对个人的生活习性会有影响，而个人的教育水平可能会影响到个人的健康水平。因此，也有经济学家认为，教育人力资本也可能会影响健康人力资本的折旧率。

【经济随笔】

占物质资本投资所带来的边际成本，这才是对经济增长来说最优的健康投资规模。但是，在健康能提高个人效用水平和提高个人预期寿命这两重效应的作用下，相对于经济增长下的最优健康投资规模来说，个人追求健康效用最大化的动机会使得健康投资"过多"，并对经济增长产生抑制作用。"过多"的健康投资主要体现在两个方面：一是由于健康本身能带来效用，个人健康投资决策时的边际收益包括健康所产生的效用收益和健康人力资本的生产收益，这就使得健康投资会"过多"挤占物质资本投资；二是由于健康水平提高了老年人口的比率以及整个社会的健康折旧率极高，为了弥补老年人更高的健康折旧所进行的健康投资会更大地挤占物质资本投资。此外，由于老年人口的生产能力下降，健康水平提高所带来人口老龄化还会使得整个经济中的劳动人口比率减少，从而不利于经济增长。一般来说，当经济不发达时，健康提高劳动生产力的效应和它促进教育人力资本积累的效应会占主导作用，这时健康投资会促进经济增长。当经济进入发达阶段时，健康提高个人效用水平和提高个人预期寿命这两重效应会占主导作用，这时健康水平提高会不利于经济增长。当健康对经济增长的正负效应保持平衡时，经济达到一种稳定均衡状态，因而经济在长期没有增长趋势。所以，人们基于消费目的所进行健康消费可能会耗尽其他内生经济增长机制。

其次，在均衡状态上，健康、教育和物质资本的相互作用也显现出它们之间非对称性影响的一些特性，具体有：①无论物质资本、教育人力资本，还是健康人力资本，该种资本的产出弹性越大，均衡状态时该种资本的投资率就越高，而消费比率会越低。②人口增长率和技术进步率越大，三种资本的投资率会越高，消费比率会越低；时间偏好率越大，三种资本的投资率会越低，消费比率会越高。这两点说明三种资本通过生产函数对个人消费和该资本自身积累的影响相同。③某种资本的折旧率越高，该资本的投资率会越高。这是因为某种资本的折旧率越高，均衡状态时需要更高的投资率来弥补折旧部分。由此可知，当一国健康水平提高时，健康折旧率会相应提高，抵补折旧的健康投资会越高，因而健康投资在产出中所占的比重也会越高。④个人越看重健康，健康投资率会越高，消费比率会越低。这是健康通过效用函数对消费和健康投资的影响，这一点是教育和物质资本所没有的特性。⑤物质资本和教育人力资本投资独立于健康的性质（如健康的产出弹性、折旧率和健康的效用弹性等），但物质资本和教育人力资本的性质（如它们的产出弹性和折旧率）会影响健康投资。这表明健康同教育和物质资本间的相互影响是不对称的，这主要是因为健康的边际效用受到消费的影响，而物质资本和教育的性质会通过生产影响到消费水平。

最后，由于健康作为人力资本能提高生产力，在短期内，只要经济没有达到均衡状态，健康投资就同物质资本投资一样，不但会提高人均产出水平，而且会提高经济增长率；不但健康投资会影响经济增长率，而且健康投资的变化也会影响到经济增长。从这一意义上讲，短期内健康投资类似于物质资本投资。

此外，需要指出的是，如果考虑到消费和营养对健康的影响，健康还可能会带来贫困性陷阱，它会使得穷国陷入"低健康—低生产力—低产出—低消费—低投资—低健康"恶性循环。对于这些国家和地区来说，健康投资可能会比教育投资和物质资本投资更重要。

【经济随笔】

有多少"险"可以重来？

周 勤*

一、华山为什么不险？

多次到西安却没有游览过华山，2016年国庆节刚过，借"中国工业经济"在西安交大召开之际，忙里偷闲，真正爬了一次华山，也算了却多年心愿。

华山是五岳中的西岳，以奇险著称。唐玄宗的《华岳铭》中描述其"雄峰峻削，菡萏森爽"。历史上关于华山的传说很多，多半和华山的"险"联系在一起。华山地处汉中平原西部，在一片平地上崛起，周边再无高山，多少令人疑惑。同时，她是五岳中最高的，我们去的时候不巧是多日阴雨天，这在秋天十分罕见，华山深藏云雾之中，看不到任何远景，无法体会"伟哉此镇，峥嵘中土"的意境。

我这个年纪的人，对于华山险峻的直观感受，大部分是从电影《智取华山》中了解到的，所谓"自古华山一条道"，现有文献记载这条道最早是唐朝修建。也就是说，唐朝之前的华山是常人无法攀登的，在苍龙岭有"韩退之投书处"，传说这个"唐宋八大家"的首席，上得华山却下不来，不得不请当地驻军帮忙，可想当年华山之危险程度。这个传说不一定是韩愈本人，肯定发生过类似的故事，估计是个靠谱的事情，否则华山之奇险也不会传得那么邪乎。

早上八点我和博士生张驰从西安市区出发到华阴，我是晚上十点一刻坐飞机飞回南京，八点到咸阳机场即可。有一天游览时间，如果上下山都乘缆车，估计两三小时即可，剩余时间也无法打发，加上最近迷恋徒步，走七八个小时也不算什么，所以我们决定自己徒步进山，看情况选择坐北峰或者西峰缆车下山。乘车到玉泉院准备上山，已经是上午十点，过了五龙桥，购票进山，钻五里关，过毛女洞，没有听到响水石，上了云门，到了《智取华山》中第一个险关"清柯坪"，

---

* 作者为东南大学经济管理学院副院长，教授。

这里当年有国民党士兵把守。从地形看，的确有一挺机枪和足够的子弹，神仙也上不来，这才是"一夫当关，万夫莫开"的咽喉。手脚并用爬过了千尺瞳和百尺峡，这是解放军当年决定智取最重要的地方，而不是正面进攻的直接原因是当年国民党部队把千尺瞳加了铁盖子，所以无法突破，强攻有不少战士牺牲，无奈只能智取。

我们不到三小时就到了北峰，所谓"华山三险"，千尺瞳、百尺峡和老君梨沟不知不觉就过去了，除了有点累，没有任何心惊胆战的感觉。在北峰休息吃了午饭，一份西安BiangBiang（发音）面加鸡蛋，不到三十元，基本说得过去，毕竟要挑上来，我和张驰讨论为什么不用缆车带上来，回来看到西峰的缆车运建材上山，估计这些老板也想过，应该是不划算。

从北峰下来过擦耳崖一直到苍龙岭有点印象，擦耳崖走了两遍，苍龙岭有一个"韩退之投书处"，所以印象深刻，没有去东峰和中锋，绕过南峰就向西峰去，几乎没有任何危险感受，倒是下雨、潮湿，我穿太少，冻得要死，到西峰缆车等了差不多半小时，在缆车拍了不错的风景照片。而在华山上无法避开铁索或者其他人工安全辅助设施，没有好好拍张照片，下午不到五点坐华山管理处规定巴士回到游客游览中心，除了有点饿没有其他异样，刚刚走过的那些风景几乎没有痕迹。

一路上我就在想，华山是以"奇险"立足于五岳，奇不奇各人各解，"险"是大家过去公认的，可是六七个小时走下来为什么没有任何"险"的感觉呢？

二、险是什么？

经济学中的"险"一般是指不确定性，只要出去玩都有不确定性，"险"就实际存在。当然"险"有大小，人常说"天上不知道哪块云彩有雨"，出去玩风险总是存在，而爬山自然风险大一些。

险是怎样测量，或者说我们怎么研究风险？

一是发生事情的概率。这是客观存在的，多少年风风雨雨，华山是公认五岳中最危险的，比较直观的就是每年华山的意外死亡率。我们游览前不久一个失踪几个月的女学生在山沟里被发现，属于意外坠落。很明显，比较五岳中其他几座，南岳衡山要找个危险的地方都不容易，东岳泰山十八盘爬上来尽管是累的，危险应该是没有的。像华山这样，全部二十多公里的游览路线，到处都是悬崖绝壁，黄山只有局部可以一比，其他几座山更不能相提并论。

【经济随笔】

就像美国康奈尔大学多年保持自杀率第一的纪录，和它在伊萨卡小城的特殊位置密不可分，每年十一月后大雪封城，学生面临考试季，心情可想而知。大学建在峭壁之上，随处可得自杀场所，加上从校园到宿舍路过一条深不见底的山沟，有学生想不开出事很正常。康奈尔大学自杀率比全美大学平均水平高很多，只能是客观现实，而不是康奈尔大学学生更喜欢自杀。也就是说，华山的危险是实际存在的，而不是人们喜欢到华山玩就是为了出事，更不会来华山玩一定出事。问题是绝大多数人没有概率的概念，风景区又不公布相关信息，没有统计明确结果，人们喜欢夸大华山的危险程度，以体现自己玩下来是多不容易，好像到了华山就要出事一样。也就是说华山的奇险是客观存在的事实，而她的威名是有人为夸大成分的。

二是效用函数性质。在不确定条件下的效用函数，函数将人对风险态度分为三种：风险厌恶、风险中性和风险爱好。同样的事情持有不同风险态度的人的行为会完全不同。按照现有的研究，人类绝大多数都属于风险厌恶，也就是说他们愿意支付一部分自己的收益换取确定性。简单说，大部分人想爬华山，都愿意支付收益，而不愿意冒风险。所以，人们更愿意把千尺㠉由单向改成双向，百尺峡临近崖边都有铁链。我认为唯一有点危险的苍龙岭，居然另辟一条大路，把所有可能的危险全部消除。在任何一个角度都有人为痕迹。而对华山管委会来说，"不出事就是最大的事情，我已经都做了应该做的，还出事就不是我们的事情"。

当然，如果你是一个风险爱好者，这里所做的一切就显得多余。而我自己的感受也是如此，我五月在甘肃，七月在贵州，八月去西藏，国庆节后在紫霞湖游泳，这彻底改变了我的风险偏好。尝试了甘肃戈壁多日长途徒步，贵州偏远山区支教的辛苦，西藏高原反应的剧痛，以及紫霞湖野外湖水的寒气。我很希望在华山找到一些新挑战，可惜一无所获，除了收获三万多步记录和稍微有点累，没有别的感觉。也许不是华山不险，特别是在西藏之行面临种种危险之后，我的风险偏好变了，我希望的风险收益没有得到。

三是风险收益的分布。人们冒险总是希望有些收获，毛泽东主席说"无限风光在险峰"。我们知道攀登珠峰的死亡率是百分之四，而每年申请登峰的人数远远超过可以承受能力，就像那篇微信中流传很广的文章《你在珠峰能看到什么？》。同样，我们飞一千多公里到西安，两小时车程，六七小时徒步，就是为看到我们未知的风景，爬上去也许满载而归，也许一无所获。

自然环境越复杂，你获得高收益的可能性越大，而且每次收获差异也越大。去过西藏的人就会迷恋那个地方，问他们为什么，没有多少人说得清楚，就是你不知道你能看到什么。尽管你已经竭尽所能，依然会一无所获，就像今年上拉姆拉措，你早下去十分钟，就会和她失之交臂。

这次的华山也是如此，浓雾几乎完全断送我们最后的努力，我不知道是否会再上华山，这次华山之行明显收益偏低。如果我们匆忙中上下都坐缆车，三小时上下，各种费用的总成本差不多要一千元，相比成本我们得到收益太低的，几乎没有心动的感觉，加上气温太低，差一点冻感冒。

总体而论，华山"险"的程度下降了，而我个人对"险"的偏好改变了。华山的"险"去哪里了？

三、险去哪里了？

大家知道风险的下降不是没有风险，而是人们采取了有效规避风险的方法。从危险程度看，华山肯定是五岳中最高的。从人们爬华山风险补偿的角度，有两个路径可以降低风险。一是购买意外伤害险，尽管大家说生命无价，按照吴思《血酬定律》的逻辑，每个人都有价格，可以按照华山历年事故率确定费率，每个人强制购买保险，现在几乎每一个公园门票都含有保险费。这种方法本身不会降低华山客观存在的风险，是将一部分游客排斥出去。就像一般人不可能去攀登珠峰一样，职业攀登者的死亡率都在百分之四，一般人几乎没有生还的机会。所以，除了职业向导的夏尔巴人，一般人都是望而却步。华山上也看到一个僧人在各种坡度山坡上健步如飞，显然不是一日之功。而对平常人来说，通过人为干预降低风险是唯一选择。

二是通过人为方式，降低华山景区危险程度。拓宽山路、增加铁链和各种保护设施，修建北峰和西峰索道，将华山游览变成几乎没有风险。只要你愿意支付一定费用，就可以享受到"自古华山一条路"的风险收益，满足你的好汉"虚荣心"。而王石他们"有钱发烧友"就是这类，尽管王石他们的身体素质非常人可比。但是，通过人为干预使风险降到只有经过一定量训练、就可以达到一般人难以企及的高度，我们就不难理解了。也许以后可以用直升机把人直接放到珠峰顶上，只要愿意支付足够多成本，都是可以实现的。

很明显，这也是市场与政府之间的选择问题，华山旅游市场是客观存在的，不说唐朝以后留下各种传说。即使在"文革"期间没有任何维修维护的情况下，依然游客络绎不绝。八十年代初，我国旅游市场刚刚开发，华山旅游人数暴增，几乎每年都有事故发生。1982年暑假，学校组织学生干部爬黄山，山上风好大，同班同学就没有敢过"鲫鱼背"的；第二年在泰山亲眼看到一个游客拍照片，为了找一个好位置，从崖边摔下去，据说三天后才找到尸体。很明显，依靠个人力量难以消除这些危险，这就给人为干预自然景观提供了理由。特别是随着黄山、张家界和西藏旅游都成为上市公司，扩大接待人力，降低旅游风险，大兴土木就成为必然。但是，有多少险可以重来？

四、有多少险可以重来？

我们知道风险本身也是一种不可再生的资源，人为干预后这些绝世景观就真的绝世了。可是，无论是公司还是景区管理部门都有强烈的冲动，以各种各样的理由建设各种设施，保证游客安全成为最有说服力的依据。于是，可以直接增加索道、山顶宾馆，各种有用或者没有用的安全设施，"遍地开花"，满足更多风险规避性游客的需求，增加公司和管理部门收益，在工程中产生大量灰色收入，一切都是以"险"的名义，达到不出事的目标，似乎这是一个多方帕累托改进的方案。

可是，华山无语，有多少"险"可以重来？

知青子女的受教育水平为何更高?

刘 愿*

1968年12月,毛泽东发出"知识青年到农村去"的号召,中国开始了一场声势浩大并持续十年之久的"上山下乡"运动,约1700万城市青年被下放到农村,大部分知青失去了接受正规高等教育的机会。现有研究发现,知青的父母会给予受"上山下乡"运动冲击更大的子女更多的嫁妆和礼金作为补偿,在"上山下乡"运动结束后知青更可能通过电大和夜校获取非正规学历。可见,因"上山下乡"运动遭受人力资本损失后,知青从父辈获得物质补偿或增加自身教育进行补偿。然而,这种补偿是不完全的,接受正规高等教育成为大部分知青未能实现的愿望。在自身补偿不完全的情况下,子女作为人类家庭的一种自然延续,知青将会通过增加子女教育的方式来进行代际补偿。利用"上山下乡"这一外生政策冲击,本文旨在分析这种代际补偿的心理动机及经验证据。

一、知青"上山下乡"运动背景

中国的知青"上山下乡"运动分为四个阶段:1955—1961年探索阶段、1962—1966年在全国有计划展开阶段、1967—1977年接受贫下中农再教育的政治运动阶段、1978—1981年重大历史转折阶段。知青"上山下乡"成为一项运动,实质上是在"文化大革命"开始之后,尤其是1968年12月毛泽东下达"知识青年到农村去"指示之后的事情。知青"上山下乡"由初期地方自行安排组织、继而国家有计划但非强制性安排,骤然发展成一项全国动员的带有强制性的运动。

虽然没有文件明确规定城镇青年必须下乡,但在强大的政治动员下,1968年之后的"上山下乡"运动具有很大的强制性,影响了所有城市家庭。现有研究发现,

---

* 作者为华南师范大学经济与管理学院副教授。

父亲的职位和家庭成分对青年是否下乡无显著影响，特别是老三届毕业生的"上山下乡"具有很大的强制性。实际上，"上山下乡"运动是知青在城市与农村间的双向流动，在新知青下乡的同时，大量在农村的知青通过各种方式回城。

相对于"上山下乡"运动前后的非知青而言，知青因长期在农村务农而失去了继续升学尤其是读大学的机会。"文革"开始后大学基本停止招生，1972年春，全国推广的推荐入学制度使部分政治成分好的知青得以通过招生方式回城并接受不完整的大学教育。1977年恢复高考，1977—1978年两次高考有1180万人报考，合计录取67.5万人，录取率只有5.7%。因此，只有那些学习能力强的知青才能通过高考进入大学，大部分知青教育止步于初中或高中。

二、代际补偿的心理机制

接受正规高等教育成为大部分知青未能实现的愿望，这一外生的政策冲击对知青行为产生了深远影响。格式塔心理学派代表人勒温在20世纪30年代即借用拓扑学的概念来描述心理事实在心理生活空间中的移动，提出了心理紧张系统说。心理紧张系统说主张，在个人及其环境之间有一种平衡状态，平衡被破坏，就会引起一种紧张，从而导致力图恢复平衡的移动。当一个人具有一定的动机或需要时，在人的身体内部就会出现一个紧张系统，这个系统随着需要的满足或目标的实现趋于松弛或紧张得以解除；相反，如果需要得不到满足或动机受阻，这个紧张系统就会继续保持下去，并促使人具有努力满足需要或重新实现目标的意向。因此，根据格式塔心理学派的心理紧张系统说，人们会追求一个完整的心理图形，即人们具有一种完形趋向。如果由于外部因素导致人们有"未被实现的愿望"，这就构成了一个不完整的心理图形，人们会做很多努力尝试实现这个愿望。

人的完形趋向会对个体行为产生深远影响。对于大部分知青来说，本应在大学学习的青春年华被迫在农村度过，上大学成为其"未被实现的愿望"，从而构成了知青的一个不完整的心理图形。知青更可能通过夜校或电大获得半正规的学历，从心理学的角度来说就是知青对未能实现愿望的补偿。然而，夜校和电大的教育毕竟不是正规大学教育，这种愿望的补偿是不完全的。在自身补偿不完全的情况下，子女作为人类家庭的一种自然延续，知青将会通过增加子女教育的方式来进行代际补偿，从而达到完整的心理图形。

在成为父母后，育有多个子女的知青会将上大学的愿望寄托在第一个子女（下文简称"子女一"）身上，并增加对子女一的教育投入以提高其受教育水平，这种教育的代际补偿首先体现在子女一身上。根据心理紧张系统说，当知青家庭子女一的受教育水平得以提高，或者知青预期子女一能够实现其未竟的愿望之后，知青当年未能上大学的愿望很大程度上得到了满足，心理系统就从不平衡状态移动到平衡状态，其心理紧张得以缓解。知青对第二个子女（下文简称"子女二"）的教育投资动机将减弱，知青家庭子女二的受教育水平未必比非知青家庭子女一的受教育水平高。因此，在自身教育被迫中断后，知青将通过增加子女一教育的方式来弥补其人力资本损失，但这种教育的代际补偿在子女二身上并不显著。

当然，关于知青的教育代际补偿动机还有两个问题须进一步讨论。第一，"文革"期间，下乡知青教育中断，同时代的非知青也可能面临类似的遭遇，两者的教育代际补偿动机是否有差异？实际上，1970年部分高中和中专学校恢复招生，1972年春全国推广大学推荐入学制度（即工农兵大学），教育体系在一定程度上得到恢复。根据当时的政策，"上山下乡"运动主要动员的对象是无法在城市继续升学或就业的城镇青年。换言之，那些未被下放的城市青年基本可以在城市继续升学或者谋得工作岗位。尤其是对于那些就业的城市青年来说，他们接受教育的意愿自然下降，谈不上所谓的"教育中断"。知青长期在农村务农，既不具有从事农业生产的比较优势，亦没有可资利用的充足生产要素，其生活水平不仅比同龄的城镇青年差，甚至还比不上当地的农户家庭。更为要紧的是，农村地区交通落后、信息闭塞、文化匮乏，在从事繁重农业劳动之余，读书对于知青而言是一件非常奢侈的事情，有时甚至变得遥不可及。

第二，对于那些接受过高等教育的知青来说，是否因为已经实现了上大学的愿望就不具有教育代际补偿动机？如上所述，部分知青通过竞争激烈的高考进入大学或读夜校电大获取大学学历。一方面，积累了十年的1000多万学子参加1977年、1978年两次高考，录取率只有5.7%；在面临同样激烈的高考竞争时，下乡知青由于长期的物质贫困和文化匮乏，进入大学远比同时代非知青困难，上了大学的知青更懂得受教育机会的难能可贵，更加重视子女教育。另一方面，通过读夜校或电大获取大学学历的知青，其接受的是非正规的大学教育，只是部分地弥补了其上大学的愿望。因此，相对于未上大学的知青，那些接受过高等教育的知青教育代际补偿的动机有所减弱，但仍然比非知青要强烈。

三、来自中国家庭追踪调查的经验证据

中国家庭追踪调查是一项全国性、大规模、多学科的社会跟踪调查项目，由北京大学中国社会科学调查中心实施，样本覆盖 25 个省、市、自治区，目标样本规模为 16000 户，调查对象包含样本家户中的全部家庭成员。中国家庭追踪调查在 2008 年、2009 年于北京、上海、广东三地分别开展了初访与追访的测试调查，并于 2010 年正式开展访问。2010 年的调查数据有 825 个成人报告有"上山下乡"经历，在限定 1968—1978 年间下乡、小学及以上学历、1946 年 9 月及以后出生、12 岁户籍在城镇等条件后获得 558 个知青样本，其中男性知青 272 个、女性知青 286 个，有 95 对知青夫妻。为获得子女的最终学历，我们将子女年龄限定在 16 岁及以上，最终获得 437 个知青家庭子女一和 65 个知青家庭子女二的有效样本。

实证研究发现，城镇知青比城镇非知青的受教育年限少 0.41 年，大部分知青教育被迫中断在初中或高中阶段，错失了接受高等教育的机会。因此，大部分知青的确遭受了人力资本损失。进一步研究发现，相对于非知青家庭子女一，知青家庭子女一的受教育水平显著高约 1 年，知青家庭子女一接受大专及以上教育的概率显著提高。特别是，知青家庭子女一获取大学本科学历的概率比非知青家庭子女一提高了 10%。无论是在父辈涵盖城乡的全样本，还是将父辈限定在 12 岁户籍在城镇、当前户籍在城镇的样本，上述结果是稳健的。同时，正如完形理论预期的那样，知青家庭与非知青家庭子女二的受教育水平无显著差异。

然而，知青家庭子女一的受教育水平更高可能是家庭背景或个人能力因素所致，而并不必然是知青对子女教育的代际补偿使然。例如，在政策正式结束前回城的知青通过竞争激烈的高考返城；老三届知青在"文革"开始之前接受了中学教育，其教育质量比后来者要高。这些因素都可能会影响子女的受教育水平。为此，我们根据知青回城年份、下乡时间将知青划分为是否是 1979 年前回城、是否是老三届知青、是否是政治运动时期下乡三类进行异质性分析。研究发现，无论是 1979 年前回城还是 1978 年后回城的知青，亦无论是老三届还是非老三届知青，其子女一受教育水平均比非知青家庭子女一高约 1 年，从而排除了个人能力等因素的作用。1968 年之前下乡的知青基于自愿原则，不存在代际补偿动机，因此非政治运动时期下乡知青的子女一受教育水平与非知青家庭子女一无显著差异。

父辈的年龄可能对代际补偿动机有影响。为此,我们将知青分别与父辈年长、父辈同龄、父辈年幼的家庭做比较。研究发现,与父辈年长或年幼的非知青家庭子女一相比,知青家庭子女一受教育水平均高约 1 年;但将父辈出生年份均限定在 1946—1962 年间后,知青家庭子女一受教育水平比非知青家庭子女一仅高约 0.6 年。这个结果说明,与同龄的非知青相比,知青仍然存在教育的代际补偿动机,只是这种动机有所减弱。毕竟,同龄的非知青在一定程度上也经历了教育的中断。

根据劳动经济学文献,教育具有正向的代际传递,即父母受教育水平越高,子女的受教育水平也越高;教育的代际补偿动机却可能使得那些没有上大学的知青其子女受教育水平更高,两个机制作用相反。机制检验发现:(1)上大学知青家庭的子女一受教育水平与未上大学知青家庭的子女一无显著差异,但前者比上大学的非知青家庭的子女一受教育水平高 1.2 年,这说明未上大学知青的教育代际补偿动机抵消了上大学知青教育的代际传递效应。(2)未上大学知青家庭的子女一的受教育水平比未上大学非知青家庭的子女一高 0.8 年,前者比上大学非知青家庭的子女一高 1.8 年,说明未上大学知青的教育代际补偿动机超过了上大学非知青的代际传递效应。(3)知青家庭适龄子女二的受教育水平并不会因子女是否上大学而异。可见,"上山下乡"的艰苦经历和未上大学两者共同构成了知青的教育代际补偿动机,抵消甚至超过了教育代际传递的作用。

四、结语

现有劳动经济学文献强调,由于先天基因和父母培育的作用,父母受教育水平对下一代教育具有正向的代际传递。然而,如果父辈教育因为国家政策等外部因素的作用而被迫中断,在未能实现愿望驱使下,父母倾向于增加子女教育投入从而弥补其不完整的心理图形。现有劳动经济学文献忽略了外生冲击造成的教育中断产生的代际补偿效应。"上山下乡"运动这一外生政策冲击下可识别知青经历的教育代际补偿效应,为理解教育的代际影响提供了一个崭新的视角。实际上,未能实现的愿望对人的行为产生广泛且深远的影响。无论是《港囧》中徐来对未竟的初吻的矢志不渝,或者村上春树《再劫面包店》中主人公莫名其妙地再劫面包店,还是当下父母将诸多自己未竟的愿望寄托在孩子身上,都是"未能实现愿望"之"诅咒"的表现。

【经济评论】

女大学生"裸条"借债的信用担保

赵学军*

当网络借贷风起云涌之时,网络借贷公司利用社交平台,将攫金之手伸进了大学校园。因其借钱便利,许多刚脱离父母、涉世未深的学生陷入其中,在满足了自己急切的消费欲望与青春创业冲动之后,随之而来的是归还沉重债务的烦恼,竟有学生不堪压力而自杀。校园网络借贷一时为社会各界瞩目,物议沸腾。

在大学校园借债中,更有一种所谓的女大学生"裸条"借债方式令人瞠目结舌。

据新闻报道,女大学生通过网络借款平台向网络借贷公司借款时,以手持自己身份证的裸体照片替代借条,故称"裸条"借债。当借债人违约不还时,放贷人以公开其裸体照片以及与借款人父母联系为手段,逼迫借款人还款。据称,许多高校女大学生都曾有过"裸条"借债的经历,当时被人追讨债务的窘迫之状,虽然时过境迁,仍不堪回首,心有余悸。

"横看成岭侧成峰,远近高低各不同。"对于同一事物,人们从不同的视角,甚至戴上不同的滤色眼镜,总会得出不同的结论。正如一部《红楼梦》,有情人看出其中的情与爱,文学评论家看出其中的美,经济史学家看出其中的生产、消费与中外贸易,甚至有些"革命者"还能看出其中的阶级压迫与阶级斗争。对于女大学生"裸条"借债现象,人们的评价也是多种多样。

有人认为,女大学生"裸条"借债利率高达30%,岂止超过正规银行贷款利息的4倍,明显属于高利贷!据记者调查,某网络借款平台借贷公司的协议,一年期限的借款,应支付的利息均不加入本金重复计算利息;超过一年期限的借款,上一年度的利息将计入下一年度本金,计算复利;在逾期罚款方面,规定逾期超过3日的,自借款期限届满之日后第4日起,借款人除应按约定利率继续支付利息外,还要支付罚息;若借款利率小于或等于27.3%,则以截至当日未偿还本金

---

* 作者为中国社会科学院经济研究所研究员。

为基准，以"30%借款利率"为年化罚息利率，计收罚息。

有人认为，女大学生"裸条"借债，反映出网络借贷平台的乱象。进入校园的网络借贷公司，实际上是以互联网为依托，将民间借贷搬到了网络上。他们在校园非法大肆散布广告，诱惑大学生借钱。他们钻了金融管理的空子，唯利是图，其高利借贷与经营风险却缺乏有效的监管。律师说，一些高利贷团伙以互联网金融和社交工具为平台和幌子，进行非法放贷，但在互联网平台进行的这种高利贷交易，是个人约定，是私下交易，往往以私下约定为准，绕过了监管。

教育部门谴责网络借款平台的女大学生"裸条"借债扰乱了校园管理。一些学生在网络借贷平台巧言令色的蛊惑下，落入了高利借贷者的圈套。学生本来没有多大的还款能力，而高利贷团伙却利用他们不能按时还款的机会，趁机收取逾期的高额利息。某校一位女孩2016年2月向一家网络借贷公司借钱创业，第一次借到了500块钱，周利息30%。因为没按时还上，重新借了新债还旧债，周利率仍为30%。利滚利后，更加无力偿还，6月份总欠款已达5.5万元。无奈，她准备在家人陪同下报警。这位女孩还是理智的。曾有学生走投无路，最后选择自杀。一旦学生在学校出事，学校负有无法推脱的责任。这也是学校最为担心的事。

校园网络平台的网络借贷似乎一时成为人人喊打的过街老鼠。将校园网络借贷公司的形象与放高利贷的黄世仁联系起来，颇能表达人们的愤怒。

在声讨校园网络借贷公司对文弱书生不仁不义、趁火打劫后，我们不得不思考另外的问题：没有任何实物可以抵押、可以担保的学生群体，应该是借贷风险发生率很高的群体，校园网络借贷公司何以敢于借款给他们？借贷公司没有对借钱学生信用状况进行调查，甚至没有与他们见过面，何以敢于借钱给他们？校园网络借贷公司究竟在用什么手段迫使学生偿还高利贷？校园网络借贷平台上的借贷公司得到了大学生什么样的信用担保，又如何成功运用了他们的信用担保？

高校学生光棍儿一人，没有能够用于抵押、质押的动产、不动产。背着父母长辈在外面悄悄借钱消费，或借钱尝试青春冲动的创业投资，他们一开始就不想让家长知晓，因此，一般情况下也没有担保人作保。似乎高校学生真的没有任何可以用作信用担保的东西。

不过，如果扩大视角，用广义信用担保的概念来分析一个人的信用担保品，大学生本身却自有贵重的担保物——声誉与社会资本。

俗话说，"人活一张脸，树活一张皮"，人的脸就是声誉。大学生个人的声誉会在未来影响到他的就业、婚姻、生活等方方面面。特别是在熟人圈里，一旦丢失声誉，这个人就没法在圈子里混了。因此，通常人们都会在乎自己的声誉，在意自己在熟人面前的形象。已经建立的良好声誉，能得到别人的信任，能够作抵押、担保。中国传统的乡村社会，就是一种比较封闭的熟人圈子，声誉很有价值，自然可以用作信用担保。现代社会则是流动性很强的开放社会，似乎打破了原来封闭的圈子，但是，日益发达的信息技术正在建立信息社会、网络社会，信息与网络的发达，在相当程度上重建了相对封闭的社交圈子。因而，个人隐私很难再掩盖起来，个人的声誉日益重要，其信用担保价值再度得以显现。

校园网络借贷公司正是抓到了大学生们贵重的声誉，将其用作了信用担保。网络贷款公司不仅要求借款人提供身份证正反照，在女大学生"裸条"借债中，还要求她们提供手持身份证的裸体照片或视频。一旦女大学生拍了手持身份证的裸体照片或视频，并将它传给了借贷公司，那可非同小可。一个未婚女孩子的裸体照片或视频，一旦流向社会，留给大众的只能是本性不好的印象，她等于已经玷污了自己的声誉。此后，她的婚姻、就业，必将受到极其负面的影响，损失也将是巨大的。不过，此时，她的坏声誉还仅仅被网络借贷平台所掌握，而她的社交圈子里还没人知道，她还可以假装自己的声誉没有败坏。裸体照片或视频在别人手里，总是一颗"定时炸弹"。这个"炸弹"的引爆者则是校园网络借贷公司。手握如此威力巨大的信用担保物，难怪网络借贷公司敢于贷钱给女大学生。

在女大学生"裸条"借债中，网络贷款公司还抓到了另外一张信用担保的"王牌"，即借款人的"社会资本"。人不是孤零零的人，而都是社会的人。人生活在社会关系之中，生活在社会网络之中，这些都是人的"社会资本"。在中国社会，家长必须为子女的过失承担责任。大学生债务的最后承担者，必定是家长。校园网络借贷公司很明白这个道理，当女大学生向他们借款时，需要填写家庭住址、父母姓名、联系方式。而且，校园网络借贷公司还要掌握了女大学生的社会网络，要求她们必须填写其舍友的联系方式，并提供学信网截图、班级QQ群截图等等。因为，女大学生的声誉在这些社会关系中更具有价值。

当网络借贷公司拿到女大学生这些信用担保后，立即给她们借款。当她们到期不能偿还本息时，网络借贷公司手中持有的信用担保物马上显现出强大的杀伤力。

网络借贷公司以公布女大学生裸体照片或视频为要挟，因为他们开发了女大学生们声誉信用担保的实施机制。网络借贷公司先在群公告栏公布女大学生露半张脸、关键私密部位打码的裸照，并发出逾期的警告："明天 24 点前！没有回款！将全方位公布！"见此场面，没有几个女生不惊恐的，她们尽力东挪西借，或者再找一家网络借贷公司借钱，拆东墙补西墙。只要借款人能够还钱，网络借贷公司并不急于撕破脸皮。

当看到女大学生实在还不了钱时，网络借贷公司开始运作借款人声誉与社会资本的信用担保物了。他们给女大学生家长发去女儿的裸体照片，附上留言："你女儿以前借款时留下的照片和视频，现在还给你，前几天忘了还给你了。"家长收到这样的信息，有谁能坐得住？为保护孩子声誉，多少钱都得还了。

当因种种原因，借款女大学生的父母也没有还款动静时，网络借贷公司就开始散布女生的声誉污点了。他们迅速进入所掌握的女大学生的社交网络，在这些网络中公布她们私密部位打码的裸体照片，配上如此的附言："×××，××年×月×日，以男友抛弃、需要打胎为由，向我公司贷款一万元，利率为年息24%，约定一周为期归还，结果到期后，恶意逾期。当事人借款时留下裸体视频及各位亲友联系方式，承诺如果不归还，由我公司公布裸体视频……"可怕的是，网络借贷公司利用掌握的女大学生亲朋好友的联系方式，向其亲属、朋友、同学及各种社交圈子发送这些内容。如果听任他们大肆散布有损名节的裸体视频、裸体照片，女生势必遭受羞辱。不是万不得已，谁敢不快点还钱？

分析至此，我不能不惊叹网络借贷公司向女大学生"裸条"借债的精明。他们硬是无中生有，找到了信用风险很大的借款人无形的信用担保物品，而且能够充分利用网络信息技术手段与传播途径，将这种声誉担保机制运用到了极致。他们以看似不道德的方式控制了借贷风险，榨取到丰厚的利润。当然，对付这种近似无赖的网络借贷公司，一种办法是不要脸面了，且战且退，但借债人付出的代价很大；另一种办法，就是选择报警。声誉已经受损，两害相权取其轻吧。最蠢的办法是自杀身亡，年轻人不懂，并不是"一死万事休"啊。

在唾骂网络借贷公司开发女大学"裸条"借债后，还是借鉴一下他们巧妙运用个人声誉信用担保品的"创先"吧。其实，在越来越发达的信息社会，金融机构能够开发很多个人无形的信用担保品，而且，通过充分利用信息网络，精巧设计实施机制，类似声誉这类信用担保品仍具有重要价值，完全能够控制借贷风险。

"世上无难事，只要肯登攀。"网络借贷公司可以做到的，相信人才济济的正规金融机构也能做到。

【经济评论】

疯狂的房子

欧阳峣*

新中国成立60多年来，中国城市的房子经历两次转变，即从公租房到商品房的转变，从居住品到投资品的转变。最近十年，又从一般的投资品转变为投机性的投资品。如今，住房的价格违背市场经济规律的浮动，远远超出应有价值的暴涨，使它从稳定民心的物品变成扰乱民心的"妖怪"。疯狂的房子，如果不能从投资品回归到居住品，那么，泡沫经济是不可能被打住的，中国的经济转型是不可能取得成功的，大国复兴的梦想也是不可能实现的。

一、从农村房、城市房到投资房

何谓住房？一般解释为"供人居住、生活和工作的房子"。根据《现代汉语词典》的解释，"房子"是供人居住或做其他用途的建筑物，"住房"是供人居住的房屋。自古以来，中国人就怀抱着"耕者有其田、居者有其屋"的理想，追求幸福生活，追求小康社会，追求太平世界。总而言之，住房是一种居住品，是人们安居乐业的生活条件。

新中国成立后，农民有了田地，还盼望着住上新房，他们能够依靠自己的辛勤劳动住上新房；工人变成了国有或集体企业的职工，由单位统筹分配住房。一般地说，他们能够依靠劳动致富住上合适的房子。改革开放以后，随着城市规模的扩大，民众对住房的需求不断增加，在经济改革过程中，政府把公租房改为商品房，按照市场经济的规律建造和销售住房。长期以来，由于房价比较稳定，人们可以通过劳动获得收入而购买住房，过着稳定而充实的生活。

直到进入21世纪，有些人机智地发现，商品房开发可以成为谋取暴利的手段，

---

* 作者为湖南师范大学大国经济研究中心主任，教授。

既可以催生 GDP 的增长，又可以为个人谋取经济利益，搭建钱权交易的最佳平台。于是，不同类型的经济开发区大量涌现，一些人把重点目标放在卖地和建造住房，而不是开发新技术和新产业。在经济利益的神奇驱动下，很快出现了一批房地产商，他们有的是来自我国香港、澳门和台湾地区的投机商，有的是成长于本地的投机"企业家"。为了获取高额利润，政府与企业一拍即合，利用中国人的投机心理，把住房从居住品变成了投资品。

近些年，中国政府逐渐发现了楼市泡沫的风险。据有的专家测算，我国可以进入市场的房子超过 120 亿平方米，可以住 4 亿人，满足 10 年以上的住房需求。这种楼市泡沫一旦崩盘，企业、银行和居民都面临危机。虽然中央政府有意进入新常态，但由于某些地方政府缺乏发展实体经济的理念和信心，对住房开发和销售中存在的问题没有行之有效的调控手段，而那些缺乏企业家精神的房地产商和没有风险责任的银行受到利益驱动，加上一些投机者推波助澜，把房子炒得非常疯狂。

我们冷静地思考，疯狂的楼市有两种明显的负面效应：第一，阻碍中国经济进入新常态，它在引导中国抛开实体经济而追逐泡沫经济，最终必然导致金融危机和经济危机。第二，扼杀创新和勤劳致富的精神，它在引导人们依靠投机获得利益，中国人的投机心理和行为一经诱发将难以收敛。总之，炒房潮已经成为影响中国经济社会健康发展的肿瘤，从经济可持续发展和实现社会公平正义的角度来看，它有百害而无一益。

二、楼市拷问政府、企业和民众

中国楼市的疯狂早已超越了危机的警戒线。2016 年夏季，一线城市的房价同比上涨幅度高达 25%—28%。目前，中国居民房贷和收入之比为 0.46，超过了日本和美国房地产泡沫时期的水平，其价格严重地背离了价值，完全超出了理性的思维，可谓"世界奇观"。目前，政府在采取限购政策，企业还试图推高房价，民众在犹豫观望，中国的楼市将走向何处？这是摆在政府、企业和民众面前的严峻问题。

1. 政府能有效地抑制楼市泡沫吗？

美国历史学家保罗·肯尼迪在《大国的兴衰》一书中指出：一流国家在世界格局中地位变化的原因，一是各国国力的增长速度不同，二是技术更新和组织形式的变革，可以使一个国家比另一个国家获得更大的优势。纵观世界历史，没有任何一个国家可以依靠投机而保持长期的经济增长，只有创新才是经济可持续增长源泉。特别是经济大国的崛起，必须有以技术创新支撑的产业创新。而炒房是一种不能创造价值的投机活动。世界大国是绝不可能靠投机取得成功的，我们追求的大国复兴之梦，应该是"务实"的梦，不可能依靠"泡沫经济"来实现。政府推动经济进入新常态的措施，应该是实现创新驱动战略，推动技术创新和产业创新，而疯狂的楼市仍然在引导中国经济误入歧途，似乎还要依靠"泡沫经济"来增加GDP，提高经济增长速度。中国的房地产已经成为经济生活的肿瘤，让其增长只会使中国经济走向危机。那么，我们是采取措施逐步消肿，还是任其继续生长，这个问题还在考验中国决策者的智慧。

2. 中国能培养真正的企业家精神吗？

在经济学大师约瑟夫·熊彼特看来，企业家是"这样一种社会的领导者，无论他身居何位，都是从原来的用途中腾出一批生产资料，用它们来实现一项新组合，比如生产一种新产品，或者用更先进的生产方式生产已有的产品"。创新是生产要素的新组合，企业家的职能就是实现新组合，由此可见，缺乏创新精神的人是不配被称为"企业家"的。企业家可能有三种类型：第一种是官商企业家；第二种是关系企业家；第三种是创新企业家。某些创新企业的负责人，他们以技术和产品的创新为本，致力于为社会创造财富。第三种企业家，代表了中国经济发展的方向和前景，而第一、二种企业家往往倾向于经营房地产业。因此，在当代中国的房地产大亨中，有的是在中国改革初期的特殊环境中大胆闯出来的投机企业家，有的是这些年从其他行业转入房地产的官办企业家。我们的政府和社会，应该鼓励那些具有创新精神的企业家，支持他们以创新技术、发展高端制造业和高科技产业。如果让那些在房地产行业的投机企业家谋取暴利，中国经济是没有希望的。

3. 民众能树立勤劳致富的信心吗？

非理性的楼市将导致社会分配不公，使靠劳动取得收入的比重降低。法国经济学家托马斯·皮凯蒂在《21世纪资本论》中谈道，"资本分配总比劳动分配不平等"。在发达国家，劳动收入分配中收入最高的10%的人一般拿到总劳动收入的25%—30%，而资本收入分配前10%的人总是占有所有财富的5%还多；资本收入分配底层50%的人接近一无所有，如此下去将影响社会正义价值。中国楼市的疯狂是房价远远超过价值,那么,有钱炒房的人将越来越富,无钱炒房的人将越来越穷。低收入阶层在城里购买居住房都很困难,他们更不可能拿钱来炒房,也不可能贷款来炒房,他们微薄的收入和积蓄在房价的疯涨中被剥夺了一层又一层;那些非城市出生的青年,没有父辈的房屋遗产,仅靠工薪的积累,一辈子也难买得起生活的住房。这样的话,民众将丧失勤劳致富的信心。同时,中国人的从众心理导致投资缺乏理性,有很多卷入到炒房的行列,从而增长了投机心理,抹杀了勤劳致富和创新致富的精神。

【经济评论】

企业对外直接投资有力地促进了我国就业

李 磊*

关注跨国公司对外直接投资对于本国就业影响的问题,最初起源于20世纪60年代的美国。随着国际分割生产的日益重要,此问题在发达国家的政策领域获得了越来越多的重视。这些国家的政策制定者和民众担心由于跨国公司的对外直接投资,会导致国内就业机会的流失和失业的增加。中国近年来对外直接投资(OFDI)迅猛增长,根据商务部、国家统计局和国家外汇管理局联合发布的《2015年度中国对外直接投资统计公报》统计,2015年,中国对外直接投资创下了1456.7亿美元的历史新高,占到全球流量份额的9.9%,首次位列世界第二,并超过同期中国实际使用外资,实现资本项下净输出。面对越来越多的中国公司选择投资国外,那么,这种投资海外的战略是否会导致大量企业将生产转移到国外,导致"产业空心化",进而导致国内就业减少和失业增加?这个问题在我国政策制定部门以及学术研究部门也势必会得到越来越多的关注。

一、美日的产业"空心化"

所谓的产业"空心化"导致就业流失的理论最早是由一些学者根据美国和日本对外直接投资的实践而提出。20世纪60年代初,欧洲共同体成立后,对外实行共同关税。美国企业,特别是一些汽车、机电企业为了绕开关税壁垒,大量向欧洲国家直接投资。此后的一段时期,美国对西欧各国的汽车、电机等产品的出口减少,而西欧国家的相应产业发展成熟后,反过来又向美国出口产品,从而对美国企业产生冲击,导致这些企业劳动力雇佣人数减少。进入20世纪80年代之后,由于美国政府实行高利率政策,国内企业的竞争能力下降。又有一些企业为了降

---

* 作者为南开大学国际经济研究所副研究员,美国哥伦比亚大学访问学者。

低生产成本，将大量最终品，甚至将原材料、中间产品的生产基地通过对外直接投资的方式转移到国外，这进一步导致出口商品减少，进口商品增加，就业流失。面对这种现象，美国学者忧心忡忡，认为美国的产业发生"空心化"。

进入80年代之后，伴随着日元的持续升值，日本企业在国内生产的成本剧增，日本对外直接投资得到了空前高速发展，成为主要对外投资大国。一些学者认为越来越多的日本企业将主要生产和经营基地向海外转移，同美国的对外直接投资一样会导致国内就业机会减少，失业人数增加。并认为这是日本当时失业率居高不下的主要原因。据统计，日本的失业人数在1990年为134万人，1995年已增至210万人，2002年增至380万人。其失业率在1990年仅为2.1%，1995年升至3.2%，2001年突破5.0%大关。日本国内对日本大规模对外直接投资而导致的所谓产业"空心化"深表忧虑。

虽然美日的对外直接投资可能导致了国内相关产业的转移以及就业的流失[1]。但是需要注意的是，美日都是发达国家，是否对于中国这样的发展中国家有借鉴意义是值得商榷的。由于美国和日本本身经济发展水平较高，其劳动力成本也相应较高。一些劳动密集型的制造业企业，随着成本的上升，通过向那些低成本的发展中国家对外直接投资，并转移到当地生产是企业寻求利润最大化的正常行为。但是对于中国的制造业企业来说，尽管近年来中国的劳动力成本不断上升，但是距离美日等发达国家差距还是较大的。此外，中国对外直接投资的类型与美日相比也有较大差异。

二、中国的对外直接投资对就业的影响

要了解中国的对外直接投资对就业的影响，就需要知道中国对外直接投资的主要类型。根据《2015年度中国对外直接投资统计公报》统计，中国非金融类对外直接投资存量前三位的行业分别是租赁和商贸服务业、采矿业以及批发和零售业，存量分别为4095.7亿美元、1423.8亿美元和1423.8亿美元，第四位是制造业，为785.3亿美元，第五位是交通运输/仓储和邮政业，为399.1亿美元。这五个行业的对外直接投资占了我国对外非金融类对外直接投资总额的84.5%。

---

[1] 总体上看，对于美国日本的对外直接投资是否导致其国内失业率增加仍然是有争议的。

【经济评论】

首先，我们来分析租赁和商业服务业、批发和零售业以及交通运输／仓储和邮政业这三个行业。这三个行业的对外直接投资中有很大一部分比例是为企业出口服务的市场寻求型对外直接投资，其目的是扩大和开辟海外市场。此类投资不在东道国生产产品，而是从国内进口商品到东道国市场进行销售，并提供售后服务。流通型（批发、零售、运输、仓储）对外直接投资中很大比例的企业会通过海外批发、零售型分支机构来实现对东道国仓储、配送、营销、售后等成本的节约，这总体上是以扩大对东道国出口为目的的对外直接投资活动。此类对外直接投资通过促进出口，增加了企业国外需求，进而引起本国产量的增加以及投资的增加，对我国国内劳动力雇佣具有一定的促进作用。

再看我国对外直接投资中排名第二位的——采矿业的对外直接投资，此类对外直接投资属于资源寻求型对外直接投资。这种对外直接投资一般投资于油气和矿产资源丰富的国家，如澳大利亚、加拿大、非洲和拉美等国家或地区，投资的目的是寻求东道国自然资源。资源寻求型对外直接投资，一般由我国企业出资或者与东道国企业共同开发当地资源，这类投资并不涉及对国内劳动力的替代。但是值得注意的是，如果针对国外采矿业的对外直接投资是由国内非采矿业（例如冶金行业）进行的，此类资源寻求型对外直接投资是为了寻求中间产品，所获取的资源会运回本国进行加工，这种资源寻求型对外直接投资对企业劳动力雇佣的影响则可能是正向的。

对于那些在当地生产的制造业企业，我们可以通过将其分为水平型对外直接投资和垂直型对外直接投资分别进行分析。企业水平当地生产型对外直接投资，是在不同的国家复制相同的生产行为，将产品的生产扩展到国外。由于水平型对外直接投资在东道国生产最终品，如果生产是可贸易的，我们将会预期海外和本国就业效应的替代作用，因为企业要么在本国生产并出口到其他国家，要么在海外分支机构生产并且出口到本国。随着劳动力成本的上升，如果企业为降低成本或规避贸易保护选择在生产成本较低的东道国生产产品，对本国就业的替代性更强（发达国家的对外直接投资有很大比例是此类投资）。但需要注意的是，如果水平当地生产型对外直接投资仍然需要从母国进口中间品时，海外分支机构最终品产量的增加会导致本国中间品产量的增加。此时对外直接投资对母国就业的影响则是不确定的。企业垂直当地生产型对外直接投资与水平当地生产型对外直接投资不同，其将生产分成不同的阶段，并且按照要素的密集度将中间品生产分散到不同的国家。如果生产过程的不同阶段具有不同的劳动密集度，一个合理的生产战略就是把高劳动密集度的阶段转移到劳动力成本比较低的国家，而将技术密集型或者资本密集型的生产阶段放在高收入国家。虽然这种转移在短期内会降低国内就业，但是考虑到本国企业对外直接投资的目的是降低成本并提高生产率，这种垂直型对外直接投资对本国就业的影响就可能存在较强的互补效应。再者生产商品需要本国和东道国共同生产，企业对外直接投资降低了生产成本（例如零部件成本的下降）导致的一个生产阶段的扩张，会相应导致其他生产阶段的扩张。因此垂直型对外直接投资对本国就业的影响虽然是不确定的，但是长期看更可能促进企业的就业。

最后，我国还存在一类研究开发型对外直接投资。该类投资的目的是获取先进国家的技术或利用先进国家的研发能力进行技术创新。主要表现为在发达国家或者在某些具有技术领先优势的新兴发展中国家建立研发中心，开发新产品。这种对外直接投资一般在当地雇佣劳动力，不发生就业的转移。但是，该类投资会发生"逆向技术溢出"，提升母公司技术水平和开发新产品的能力，并提高产品竞争力，使企业产出增加。因此这类投资仍然可能促进企业对劳动力的雇佣。

总的来看，我国对外直接投资同美日等发达国家对外直接投资相比存在较大的差异，发达国家的对外直接投资一般是效率寻求型的，也就是说，为了降低生产的成本，而将一些在其国内生产已经失去竞争力的企业转移到国外，然后再进口生产的最终品。这种对外直接投资不可避免地带来相关产业出口减少，进口增加，并导致就业的流失。但是中国的对外直接投资，通常是为了开拓市场、寻求资源或者获得技术，这种对外直接投资会导致企业竞争力的增加，增加国内的生产和就业。虽然随着中国劳动力成本的上升，中国效率寻求型的对外直接投资也在逐步增加，但是在当今全球生产的趋势下，只要中国的劳动力成本没有上升到超过对外投资目的国的程度，那么都会有相当一部分的中间品留在国内生产，这都有可能会促进国内的就业。因此总体来看，从就业的角度，我国大部分的对外直接投资对就业的促进是显著并且有力的，并不会导致我国国内的失业增加。

三、中国该怎么做？

对外直接投资对本国就业的影响存在一定程度的多样性，要根据企业对外直接投资的动机确定。因此，政府在推动企业"走出去"过程中应该了解我国企业对外直接投资过程中的切实需求，通过调查了解企业对外直接投资的实际目的，针对不同投资动机的企业提供多样化的政策支持，这样才能将国家整体利益与企业利益相结合，在推进企业对外直接投资的同时促进国内就业。因此我国在制定相应政策时应采取两手准备：一手推动企业"走出去"，一手协助企业"留下来"。

1. 推动企业"走出去"

虽然中国对外直接投资作为国家近期重要的开放战略受到了支持，但是也有声音担心我国的对外直接投资会造成国内产业的转移与就业的流失。不过从本文的分析看，我国企业对外直接投资动机与西方发达国家相比存在较大差异，我国大部分企业的对外直接投资并非为了降低劳动力成本，而主要是为了开拓市场。此类企业生产基地仍然保留在国内，对外直接投资会通过扩大企业的国外需求并通过降低劳动力以外的生产成本增加企业生产和员工雇佣，因此我国在推进企业"走出去"的过程中，并不需要过于担心"产业空心化"导致的失业问题。相反，还应该继续采取相应措施大力推进我国企业"走出去"进程。

在审批引导方面，要不断深化境外投资的管理改革，为中国企业的对外投资提供一个便利化的环境，除少数有特殊规定，境外投资项目应实行备案制。同时加强规划引导，制定对外投资合作的各类中长期的发展规划，以指导企业实现对外直接投资的可持续发展。在服务和保障方面，要加大对"走出去"企业金融信贷方面的支持力度，提升金融业开放水平，推动资本市场双向有序开放，稳步推进人民币国际化，完善外汇管理制度，加快实现人民币资本项目可兑换等。同时强化政府的公共服务，搭建各种服务平台，为"走出去"的企业提供信息服务。要完善多双边的保障机制，继续推动和有关国家和地区商签贸易投资、基础设施合作和劳务合作等政府间的协定，解决企业"走出去"遇到的法律问题。同时做好安全的风险防控，及时向企业通报境外安全突发事件，指导企业应对境外投资的各类经营风险。

2. 协助企业"留下来"

对于在那些为了降低成本的效率寻求型企业，其对就业的影响有可能是反向的，特别是那些在东道国生产最终产品的水平型对外直接投资。由于此类对外直接投资是为了降低成本，其"走出去"并非企业的主动行为，而是在生产经营成本上涨后的被动行为。在我国劳动力成本持续上升的背景下,完善激励措施与服务，降低企业国内的经营成本和交易成本，使企业能够更加科学合理地在全球范围内安排生产，并从成本优势竞争转向质量和品牌竞争，是挽留企业、减少其对就业的负面效应的有效方式。

  首先，应该降低企业的税费负担，清理规范行政事业性收费，降低收费标准，简化优化行政审批与行政许可手续。同时全面推进营改增，适度降低税率，对符合产业政策、有较好发展前景、一时遇到较大困难的企业，落实各类税费优惠政策。其次，要降低企业的用工成本，在确保参保人员各项社会保险待遇水平、社保基金正常运行的前提下，适度降低职工社会保险的费率水平。同时推动企业技术改革，在劳动密集度大的行业和岗位推广使用机器人，并适度给予资金支持。再次，要降低企业的其他营运成本。积极推动电力市场化改革，有效减轻企业电价负担；采取灵活、弹性并且多样的土地供应方式，降低企业用地成本；加强交通基础设施建设，提高物流信息化程度，减少物流配送车辆的限制，推进物流车辆通行便利化，降低运输成本。最后，应降低企业融资成本，要加快推进金融市场化建设，鼓励金融机构对私营企业贷款。加快开放资本市场，大力发展多层次资本市场，支持企业上市；同时积极开拓债券市场，培育引导私募市场，提升企业直接融资能力。

【经济评论】

罢运和禁运拯救不了出租车行业

郭金喜*

新近,浙江某市出租车也罢运了。盘点近年来的新闻报道,出租车俨然已是"罢工"出镜率最高的行业,席卷大江南北,遍及大中小城市,基本诉求从提高赢利点(起步价、燃油附加费)和降低成本(份子钱)扩展到了反对竞争(滴滴、优步、神州专车等网络专车),已形成此起彼伏、相互助长的习惯性态势。隐藏于这一态势中的市场变革、行为模式特别是公共政策的博弈结果与影响,值得认真思考。

一、出租车为什么老是罢运?

"生意难做",这几乎是出租车司机们一致的口头禅。这一表达,刚开始是天然的行业性藏拙,与绝大多数上班族天天抱怨"累死了""工资低"等并无实质性区别,当下却成了出租车司机们真正的现实痛苦。在过去的2015年,据说受网络专车的影响,广州出租车司机收入减少了三分之一[1],济南的哥表示收入下降千元[2]。按照一般的预期,面对市场困局,出租车行业也应像别的行业一样通过兼并、业务重组和提升服务质量等方式转型升级,但现实世界里的出租车行业为何不走寻常路,而经常选择一个不被政府和公众期待的"罢运"呢?

众所周知,出租车行业不是一个经营主体自由进出的市场,而是深受政府数量规制和价格规制的地方性行业垄断市场。以价格管制为例,多数地区实行的是成本加成定价。合理成本的确定,除牌照费、车辆购置费、保险费等固定成本支出外,最重要的流动成本当属油价。通常,油价持续上涨所直接侵蚀的行业性赢

---

* 作者为浙江师范大学法政学院副教授,经济学博士。
[1] 陈海玲:《广州出租车受专车冲击 停开的车占公司停车场1/3》,http://gd.people.com.cn/n/2015/0513/c123932—24839904.html。
[2]《2015年济南出租车收入明显下降 每个月比上年少挣一千元》,http://www.qlwb.com.cn/2016/0114/533985.shtml。

利空间，并不能通过改善个体服务来直接弥补，提高起步价或增加燃油附加费是摆脱行业困境唯一可行的选择。对此，社会各界实际上心知肚明，但究竟在什么时候提高、以何种方式提高、提高的幅度多大、与油价的关联度又如何确立等问题，仍需各方博弈达成。罢运，实际上是出租车行业以组织化的对抗性行动进一步突显事情的重要性和紧迫性，以最大限度地达成目标，符合奥尔森关于集体行动的基本要件要求。

然则，网络专车冲击和油价上涨冲击的性质终究不同，在根本上可视之为高质量的服务竞争者。理论上出租车公司和司机完全可以而且应该通过优化服务的方式来改善竞争位势，现实中也确实看到不少出租车司机个体通过加入滴滴、优步等来获得新型市场的接入渠道与机会。不过，总体而言，不少地区的出租车行业，其应对往往朝相反的方向前行：内部通过拒载和强行拼载等降低服务质量的方式来最大限度地保证收入；外部先是通过"私人"执法围堵网络专车而后借助集体罢运的方式争取市场保护。

缘何如此？可能的原因有四：一是降低服务质量的个人短期收益增加明显，而提升服务质量在增加成本的同时难以取得立竿见影的成效。这是一个标准的囚徒困境，通过降低服务质量来争取短期收益增加的策略普遍为出租车司机们所采纳。这一过程中，出租车公司作为"食租"企业，只要租金不受损、社会的反响不强烈，针对司机们的抱怨与自行选择，多半采取睁一只眼闭一只眼的方式。而这一选择一旦成为行业常态，就几乎成为行业的通例，进一步降低行业的管理水平与道德标准，导致沉默的乘客进一步减少对出租车的评价，以用脚投票的方式将出租车排除出优选范围，在宏观上不断挤压出租车市场。在这个意义上，出租车市场的恶化，实际上是出租车司机与公司自我选择的结果。二是面对不断下行的市场，同历史上所有行业变革中的受损者一样，直接的竞争者往往被视为罪魁祸首，出租车公司和司机们也首先将矛头指向竞争者，以语言上抱怨和行为上对抗的方式反对专车。不过，私人与局部的对抗终究成效不大，专车的渗透率持续增加，改变劣势仍需另寻出路。三是历史经验的支撑，过往各地出租车在为提高车费的罢运中普遍达成了目标，且鲜有出租车公司和司机受罚，罢运是简单复制历史（或同行）经验的优先选择。四是相较于围堵网络专车，罢运不会有直接的人身冲突、伤害与处罚，而一旦成功就惠及全面与长远，罢运是低成本高收益的优势选择。最后，或许也是最重要的潜台词，出租车司机认为既然已经交了高额"保护费"（牌照费或许可证费），那出租车市场理所当然就是"我的地盘"，出了问题当然得政府出面解决，把失去的东西拿回来。

二、罢运能解决出租车市场困局吗？

　　出租车行业和不少媒体均认为，野马脱缰式发展的网络专车是导致当下出租车困境的根源，治理了网络专车，出租车司机们的痛苦也就自然解决。这一认知，虽然直观却未必客观，更不可能自动转化为常识。科学认识与解决出租车行业所面临的困境，还须回归出租车市场性质及其变化的探讨。

　　出租车行业提供的是区域性空间位置移动服务，其市场受人口规模、家庭快速交通工具拥有量和位移服务竞争者等多方面因素的影响，面临私有交通工具、其他公共交通工具、网络专车等的竞争。受下述因素的影响，传统出租车市场特别是中小城市出租车市场的萎缩，已成定局且不可逆转，罢运无助于事情的根本解决。

　　私家车的崛起重构出行市场。以笔者所在的金华市为例，2010—2015年间，户籍人口仅从466.65万人增长到478.09万人，增长率仅为2.45%；而同期汽车保有量却从58万辆猛增到138万辆，增长率达138%。以家用汽车为代表的私人快速交通工具的快速增长，让更多的人可以用自有车辆而非包括出租车在内的公共交通工具出行。随着我国家庭汽车拥有量的进一步提升，私人与公共的替代性竞争还将深化，不断压缩与重构公共交通的空间。

　　城市公共交通体系分化公共交通市场。近年来，大中城市纷纷通过发展地铁和快速公交等大容量快速公共交通工具来应对市内出行要求，并在覆盖密度、线路设计和多种交通工具接驳等方面不断优化；此外，公共自行车因其灵活、低碳、健身等特点亦在各类城市安家落户。与此同时，受城市拥堵程度不断提升的影响，出租车快速舒适的优势下降、价格劣势走高，综合竞争优势下降。就笔者自身经历与观察而言，人们乘坐出租车出行的优先性与次数已明显降低：只要有可选择的公共交通，"长途"优选BRT，短途已让位公共自行车或步行。出租车在实际中已沦落为应对外地游客和市内应急者需求的次要公共交通工具。

　　外来人口变动压缩出租车市场需求。一方面，城市制造业的转型升级与外迁、建筑业的收缩，在相当程度上影响了城市对外来务工人员的吸纳能力，不少中小城市外来常住人口下降明显；另一方面，随着高铁出行、自驾游和租车业务的兴起，外来游客对地方公共交通工具特别是出租车的需求亦呈下降趋势。

网络专车挤压出租车市场边际。如果说地铁、公交车、公共自行车与出租车是区域性空间位移服务市场的错位竞争，那么网络专车则是和出租车在同一个市场生态位或利基市场中展开的直接竞争。一方面，传统出租车所具备的优势，网络专车均有甚至有过之而无不及；另一方面，网络专车因其无须交纳份子钱、无（少）税收负担、享受补贴及就业弹性等而享有传统出租车不具备的价格竞争优势。在市场下滑严重的寒冬里，网络专车的强势崛起与"不正当"直接竞争，俨然成了"BOSS级大寒潮"，对摇摇欲坠的传统出租车行业发起了最后一击。

换言之，出租车市场的恶化，根源于地方性公共交通市场的嬗变而非网络专车的发展。网络专车看起来是对出租车市场最直接和最要命的冲击，但实际上不过是"压垮骆驼的最后那根稻草"而已。出租车司机们对网络专车发动围攻与罢运，虽改得了政策，但很可能是错估了形势、打错了板子，最终于事无补。

三、因罢运而出台的专车禁令有效吗？

针对罢运，浙江某市交通运输局、公安局和市场监督管理局三个部门联合出台了《关于严厉打击私家车非法从事营运的通告》。《通告》以维护运输市场秩序、保障运输安全、保护公民权益、促进行业健康发展为目标，提出开展专项整治行动、对违法者依法处理并纳入信用监管、对非法聚集闹事从严处理和提请市民自觉抵制非法运营车辆等六点安排，对网络专车说了"不"。针对这一事件与《通告》，该市网民的反应很值得回味："团结就是力量，你们的罢工卓有成效，出租车你们赢了。""出租车司机又可以耀武扬威地大胆拒载、未经同意自由拼载，公路上横冲直撞胡乱停车上下客了。""通告与交通部的政策有些冲突。""这算是被出租车公司绑架了。""取缔可以，出租车有本事也搞个评价。态度差拒载直接差评，你敢吗？""自觉抵制出租车。""市场最终会做出自己的选择。""各有各的道理，但政府为老百姓多考虑实际利益才是重点。"这些回应，不仅反映了相当一部分市民的心声，实际上也传递了市场选择的倾向，禁令很可能因站错了方向而与政策目标南辕北辙，成效不明甚至最终成为笑柄。

"会叫的孩子有奶吃"，自古以来就是一个颠扑不破的真理；在非帕累托改进式变革中，既得利益者总是通过行动来对抗变革，亦是一个不争的事实。出租车市场的萎缩值得同情，出租车行业的罢运也有其利益表达的天然合理成分；但正确处理好改革、发展和稳定的关系，并不意味着对"落后产能"的无限度保护。"天下大势，浩浩荡荡，顺之者昌，逆之者亡"，技术进步与市场进化终将无可抵挡。如同历史上马车被火车所取代一样，出租车行业的变革也不可避免。这一过程中，国内外理论与实践一再证明的"事实"，需要引起各界特别是聚焦于治理体系与治理能力转型的政府的注意：规制很可能是无效的，规制机构很容易被利益集团俘获，规制问题与规制机构往往互为因果、互相证明。处于困境中的地方政府与中央职能部门，需要彻底告别维稳思维，真正树立起基于重大问题意识导向的担当精神，系统解决问题。否则，很可能会错过改革的时间窗口，让相关问题越演越烈，最后导致出租车行业最终萎缩、专车企业和专车司机利益受损、公众出行受阻、政府公信力下降，形成"支持政府，坚决不打的"的全输局面。

"渐进"的第一语义不是"慢"而是"进"；"渐进"的第二语义是"有控制"——控制新制度交替的时机、力度和至关重要的顺序[1]。从此观点出发，出租车行业改革的"进"是目标与方向，"渐"是手段与时机，但绝对不是什么"一禁了之"。改革，还是要切实找到解决问题的办法，并将之合法化[2]。显然，禁止滴滴、优步等网络专车的做法，并不符合全面深化改革的精神，亦不符合五大发展理念，与"互联网+"及"众创经济""共享经济"等趋势背道而驰。稳妥推进出租车行业改革，仍需将之置于技术变革与市场变迁的大框架中，以"多考虑老百姓实际利益"为重点构建起效率与公平的动态平衡：第一，打破行业垄断，将网络专车纳入出租车体系，推动监管转型、规范竞争秩序；第二，学习先行国家出租车体系结构性转型经验，充分利用互联网技术，主动迎合消费者习惯变革，大力推动约租车发展，中小城市出租车要逐步从巡游车主导转向约租车主导；第三，参照卡尔多—希克斯准则，通过回购、补贴等方式完善出租车退出机制，降低改革风险与阻力，优化出租车市场结构；第四，最根本也是最难的，或许是重新定位出租车市场的性质，重构规制体系。

---

[1] 杨宇立：《改革：中国做对的顺序》，中国发展出版社 2015 年版，第 152 页。
[2] 周其仁：《改革就是把能解决问题的办法合法化》，http://finance.sina.com.cn/hy/20080709/15255073050.shtml。

经济学家茶座 | TEAHOUSE FOR ECONOMISTS

《机遇之城》调研的故事

蔡晓峰 *

《机遇之城》，普华永道中国的一个城市调研项目。本来是普华永道美国对全球约 30 个城市做的一个调研，意在观察纽约市的发展变化和面对的机遇，至今已做了 7 期，除英文版外每期还会发中文的摘要版。因为大部分被观察的城市是首都，故中文版叫《机遇之都》。普华永道中国的团队 2014 年开始与中国发展基金会合作，在中国选择城市进行观察，每年 3 月在"中国发展高层论坛"上发布，至今已发布了 3 期。因为被观察的城市不再是首都，因此改叫《机遇之城》，英文版的名字是相同的，是 Cities of Opportunity，一个是观察全球的国际版，一个是观察中国的本地版。《机遇之城》第一期调研了 15 个城市，第二年 20 个，第三年扩展到 24 个，下一期打算观察 30 个左右。这个报告在众多的中国城市研究中已经显示出了自己的特色。

研究方法

做城市调研，无论用什么方法，免不了排序，最终要依据确定的规则把各城市排个队，有的在先，有的靠后。排在前面的，肯定高兴，排在后面的，难免抱怨，甚至指责规则有问题。因此，吃透《机遇之都》的研究方法，就成为首先要解决的问题。

《机遇之都》显然有一个研究规则，但这个规则没有文字说明，我们是在做《机遇之城》的调研时慢慢体会到的。它有以下几个特点：

第一，全部数据要来自公开渠道。换句话说，数据必须是有公信力的机构发布的，首先要采用政府统计机构的数据，其次，可以选择研究机构或商业机构统

---

* 作者为普华永道高级顾问。

计的数据，因为研究机构要维护它的权威、商业机构要维护它的商誉，它们的数据是要经过市场检验的，故可以作为政府统计机构的数据的补充。《机遇之城》尽量避免问卷调查，因为问卷很难评判各地受访者的主观感受的差异。

第二，尽量综合地描述城市。《机遇之城》选择了 10 个角度观察城市，我们称之为维度，包括：教育、创新、区位重要性、安全和健康、交通、环保、文化、影响力、生产和生活成本、宜商环境等。在每个维度中再设计出 4—9 个不等的观察角度，我们称之为变量，变量的总数在 60 个（因为数据来源的问题，每年会有少量的增减变化）左右。于是，对于所观察的城市便会得出一个比较综合的数据群。一个个数据群的排序，便成为《机遇之城》对城市的排序。这种方法，有助于把现实中本来就具有多样性特征的城市作出综合比较，同时，我们也会惊喜地发现那些排序居中或靠后的城市总会有个别变量表现优异。

第三，按位序排队。每一个变量均设计成数值，每个城市在该变量上会表现为具体的数，于是呈现出由高到低的序列。《机遇之城》在统计时，完全忽略数值的大小，大数比小数无论差异多少均只多积 1 分。例如：假定 ABCD 四个城市，A 城比 B 城统计上多 10 个分值，B 城比 C 城统计上多 5 个分值，C 城比 D 城多 1 个分值，结果应该是 A 城比 B 城多 10 分，比 C 城多 15 分，比 D 城多 16 分；但《机遇之城》的规定是按位序算分，不看具体分差，只看位序，位序之间无论差多少分，都只计算 1 分，并按反方向计算，排第一的分最高；于是，ABCD 四个城市，最高分是 4 分，最低分是 1 分。进一步，10 个维度约 60 个变量的分值再做大排队，仍按位序计分，最后作出统计结果。

现实生活中，城市之间由于环境、历史、文化、经济发展的差异，呈现出丰富多彩的城市面貌，《机遇之城》巧妙地设计了上述方法，以高度概括的形式把社会生活的多样性抽象为直观的数值、位序，因而提供了一个观察的角度。

城市选择

普华永道对全球城市进行观察时，选择范围是涵盖了 5 大洲的，主要是选择发达国家的首都，但同时也包括了新型经济体的重要城市。例如中国，除北京外，还有上海和香港；巴西选择了圣保罗和里约；南非是约翰内斯堡，但印度没选新德里而是孟买；亚洲还有雅加达、吉隆坡等。入选的标准主要是看该城市在金融和文化传统上的影响。

中国怎么选？

根据主客观条件，我们第一期只选了 15 个城市，当时有同事建议，按 GDP、人口规模画线，选出目标城市。但如果这样做，西部地区的城市就无法入选了，还有，北京、上海这样的城市要不要入选？经过仔细掂量，最终我们是在东部、西部、南方、北方、沿海内地各选了几个城市：天津、沈阳、大连、南京、杭州、厦门、青岛、郑州、武汉、广州、深圳、南宁、重庆、西安和乌鲁木齐。没有选北京、上海，理由很明显，这两个城市的资源是其他城市无法比拟的，把它们与其他中国城市比较几乎没有意义，但我们也不能忽略它们的存在，于是我们把《机遇之都》中对北京和上海的统计结果放在《机遇之城》的附件里，当作参考。15 个城市中绝大部分是省会（首府）城市，同时我们特意选择了大连、厦门、青岛这三个计划单列城市。尽管它们与省会（首府）城市有区别，但由于它们过去是传统的口岸城市，在 20 世纪 80 年代又是最早的开放城市，在中国近代的发展过程中地位特别，把它们列入并不突兀。统计结果也表明这三个计划单列城市表现均很突出。

第二期、第三期我们逐步扩大了观察对象，仍然没有包括北京、上海，计划单列城市则逐步增加了苏州、宁波，西部、边疆城市增加了兰州、昆明，东北老工业基地的哈尔滨、长春也纳入了观察范围。

中国的城市形成和发展与欧美有较大的不同。欧美城市的近代形态是与资本主义的发展壮大比肩并行的，主导因素是经济；中国的城市从秦汉以来便始终是与行政地位相关的，近代更是如此。在中国，行政地位决定了城市发展的规模和速度。也因此，从行政级别的角度考虑城市的观察范围是可行的。不过从实际生活的感受来看，相当一批地级城市在改革开放后伴随市场经济的大潮迅速发展，有的已经远远超过全国同级别的城市了。可惜的是，由于统计数据的不完全，我们无法将它们放进观察目标，也许这是统计领域受行政级别约束的原因吧。盼望将来有所改观。

【经济评论】

应用国际化的设计时需要改造

一个是看问题的角度。

《机遇之城》有10个维度，第一个叫"智力资本和创新"，在这个维度中有几个变量，分成两部分：一部分是描述智力资本，一部分是描述创新。创新好理解，但什么是智力资本？进一步看变量的内容，智力资本包括的是"课堂规模""公共图书馆""数理能力的掌握"等。其中，"课堂规模"统计的是各国（地区）首都的小学班级的学生平均人数，平均人数越少，教育质量越高，排序位置越高；"公共图书馆"以图书馆个数为评判标准；"数理化能力的掌握"是采用"经济合作与发展组织对15岁学生进行国际学生评估项目中成绩优秀者的数、理科目成绩的加权平均数"。很明显，选择这些角度来观察是希望判断各国（地区）的青少年未来对当地发展的影响，可以把它们看是一种对智力的资本性的投入，所以叫智力资本。由于国与国之间存在教育环境、教育观念、教师资源、就业前景的差异，因此，这些数据的统计是能看出差异的。在中国却不同。由于我国持续多年坚持的普及性的义务教育，在基础教育阶段，各城市的差异是很微小的，至少在课堂规模上看不出城市间的不同。而且我国也找不到中学数理化统一考试的成绩，高考都不再是全国统一出题了。那么，我们在处理这个维度时，就要一方面把握它的选择变量的初衷，另一方面还要从我国的实际情况出发，选择我们能够统计的、符合变量初衷的数据。我们现在采用的变量只保留了"公共图书馆"，另外选择了"受过高等教育的人员比例""重点大学的研究水平"，以此反映智力资本的状况。

再比如，在"健康、安全与治安"维度中有一个变量，国际版叫作"政治环境"。这个变量的核心意思是比较一个国家的国别风险，观察角度有些类似于国际贷款中的风险评估。但对于中国的各城市，这个角度就不合适了，而且会产生其他的误解。我们把它改变为观察各城市政府部门的工作效率，但如何采集数据，每年都是一个挑战。如何定义城市的管理效率，我们还在探索。

还有"破产清算能力""总税率""商业运营风险""外国大使馆领事馆的数量""旅游签证的灵活性""免签证国家的数量"等都是需要重新选取观察角度、重新定义的。在约60个变量中，有1/3的变量我们是要改造的。有的是仅仅改变名称，更多的是要调整观察角度。

再一个是翻译问题。

例如有一个维度称作"门户城市"，门户城市往往是外来资本进入一个新的地区时首先落脚的城市，这样的城市一般是首都或重要港口。如果是看一个国家的首都或地区的中心城市，把观察目标叫作门户城市是可以的，但如果观察中国的省会（首府）城市和计划单列城市，仍称作门户城市便不可取了。而且，再考虑深一层，还有另外的问题。

社会科学的研究离不开社会制度、传统文化、宗教背景的环境，在定义翻译词汇的时候我们不能不考虑到这个词汇的应用环境。门户城市用在全球其他城市上似乎并无不妥，但用在我国香港，则使人产生另外的联想。香港是中国近代史上被列强打开中国大门的踏板，"门户城市"这个词曾经是与通商、炮舰、割地、赔款联系在一起的。其实不仅是香港，全球的城市发展历史中，伴随资本主义早期的海洋掠夺，许多当今的国际重要城市，也都曾有被掠夺的印记。显然，"门户城市"直接拿过来用并不好，于是，我们把它改为"区域重要城市"。新的名称定义与维度内的变量完全能够匹配，维度中的变量名称和取数角度也都没有变。留下的是高度抽象的概念，抹去的，是民族感情的记忆。

还有就是统计数据的辨识。

我们的统计数据总计超过 2200 余个（因为有时还要选取二级变量，因此数据量较大），绝大多数来自国家专业机构。本来国家级的专业机构的数据是最可靠的，但由于多种原因，来源不同的数据往往存在差异。一不留神，就会造成错判。比如各城市自己出版的统计年鉴与综合的《中国城市统计年鉴》就存在差异，还有政府具体部门出版的统计年鉴，与综合专业机构出版的统计年鉴，在某些数据上就有差异，有些是定义有所不同，有些是定义并无差别但数据令人不敢信。

有一个极端的例子。

在"智力资本和创新"维度有一个变量"公共图书馆"，国际版的做法是数图书馆的个数，我们查看 2013 年中国各城市的统计年鉴，高兴地看到大多数城市都有这项统计，于是直接用每 10 万人拥有的图书馆个数排序。排出来一看，深圳、杭州的数据有巨大差异，深圳的图书馆总数是 633 个，杭州的图书馆总数是 15 个，杭州与其他城市的统计差距不太大，但深圳的统计令我们无法确认。显然是统计员对统计口径的理解出了问题，或者是编辑、出版环节出了差错。想到其他城市的统计可能也存在对统计口径理解的不统一的问题，我们又在城市统计年鉴中选取了藏书量作为参照系数，对图书馆数量进行矫正，使可能存在的误差尽量减小。我们也在考虑选取更能描述智力资本的角度替代这个变量。

还有一个变量，叫做"信息传输、计算机服务和软件业产值占 GDP 的比值"，这本来是中国统计年鉴中的一个标准的统计口径，它是第三产业的重要组成部分，但我们发现竟然有一个重要的城市没有这一项统计。为了排除出版错漏，我们专门打了电话给那个城市的统计局的负责人，对方应答十分礼貌，态度诚恳，确认确实没有这项统计，这令我们十分错愕。一般情况下，遇到城市统计数据缺失时，我们是以省份的相应数据推算的，这种情况并不个别，但像这样非常重要的统计类别，在一个重要城市中竟然完全不统计，倒是出乎我们的意料的。

由于出现了这些实务问题，使我们在运用官方统计资料时多了一重心思：要站在局外观察，要运用常识、经验对统计数据再做评估。

徐匡迪主持的《中国特色新兴城镇化发展战略研究》中说："城镇化被称之为现代文明的重要标志，是因为代表了现代社会人类追求的新文明的美好生活方式，提供了新时代人类精神追求和物质享受的社会家园，造就了推动社会生产力发展和创新的新空间聚集形式和生产组织模式。" 普华永道是全球也是中国规模最大的会计师事务所，本业是审计。参与城市研究对公司业务并没有直接受益，更多的出于是社会责任的考虑。我们在梳理研究报告的过程中，切身感受到中国城市发展的勃勃生机。我们相信，《机遇之城》的研究对建设"精神追求和物质享受的社会家园"是有益的。

全国四大省市自贸试验区调研札记

孙 瑾[*]

一、四大自贸区的发展成果和已有经验对比

2013年9月29日，我国上海自贸试验区最早正式挂牌成立，2015年4月27日，上海自贸试验区扩区启动运行，同期，我国正式批准了另外三个自贸区，包括和上海一样同属直辖市的天津自由贸易试验区，以及广东省和福建省自由贸易试验区。其中，上海自贸区启动最早，在金融业发展和制度创新方面具有优势；天津自贸区主要打造京津冀协同发展高水平对外开放平台；广东自贸区着力连接粤港澳平台；福建自贸区重点发展海峡两岸区域性金融中心和两岸贸易中心。与此同时，后成立的自贸区旨在和国家"一带一路"倡议进行对接，成为沿线国家和地区开发合作新高地。

根据在四大省市当地政府和管委会的实地考察和调研，四大自贸区取得了一些初步发展成果，总结来看包括投资便利化、贸易便利化、服务业开放、金融业创新发展、知识产权保护制度创新和政府管理体制改革等六个方面。

1. 投资便利化经验对比

各个自贸区在投资便利化方面主要围绕"负面清单"和准入前国民待遇为核心的制度改革。第一，上海自贸区具有历史优势，对负面清单进行了持续修订和改进工作，2013年、2014年和2015年上海市政府的商委和发改委等相关部门连续出台了全国三个版本的外商投资负面清单《上海自由贸易试验区外商投资准入特别管理措施》。

第二，其他三大自贸区是执行全国统一版本的负面清单3.0版本，从上海自贸区的1.0版本的190项减少至3.0版本的122项。此外，天津自贸试验区进一步

---

[*] 作者为中央财经大学国际经济与贸易学院副教授，美国加州大学洛杉矶分校访问学者。

减少和取消了对外商投资者的准入限制,对负面清单之外领域,按照内外资一致原则,对外商投资项目实行备案制管理,截至 2016 年 6 月底共设立了境外机构 105 家,占到了天津市的 42%。

第三,广东自贸区特别强调粤港澳的合作和粤港澳经济的一体化,对于负面清单的投资管理特别是在服务业方面,2015 年粤港澳基本上实现了服务贸易的自由化,并发布了"投资便利化"的指数指标体系。

第四,福建自贸试验区编制了《中国(福建)自由贸易试验区产业发展规划(2015—2019)》,为四个自由贸易试验区的唯一一家开展此项工作的自贸区。在负面清单管理上注重事中和事后的监管,强调风控手段上的创新,在全国提出第一张自贸试验区风险防控清单,包括 55 个监管风险点、88 条防控措施单。

2. 贸易便利化经验对比

天津、广东和福建都建立了国际贸易"单一窗口"以及通关便利化措施("互联网 + 易通关""智检口岸"等),大大提高了贸易服务、查询、报检、通关的效率,提高了电子化、便利化和无纸化水平,很多成果已在全市乃至全国推广。上海在推进自贸试验区大宗商品现货市场建设,提升我国大宗商品国际竞争力和话语权方面做出了一定成绩,并建设了亚太示范电子口岸网络(APMEN)的运营中心。

3. 促进服务业开放经验对比

各自贸区在拓宽国际服务贸易业态,跨境电商、融资租赁等新业态方面得到了良好发展,并得到地方政府部门的重视。跨境电商发展势头较快,完善了国际贸易服务功能;融资租赁尤其是飞机及船舶租赁的集聚效应十分明显。并且建设文化服务贸易基地和国家进口贸易促进创新示范区、开展境外高技术和高附加值产品再制造业务试点、允许在自贸试验区内注册符合条件的中外合资旅行社等。

4. 金融业创新发展经验对比

目前,央行支持自贸试验区建设的"金改 30 条"细则对于四个自贸区来说,跨境筹融资、资金池、贸易投资便利化和区内个人人民币跨境结算等 14 条已落地实施,各个自贸区金融机构的积极布局及体系建设取得了可喜成就,银行、保险、券商、融租租赁等持牌机构入驻,但是其他金融细则如资本账户体系、提高对外放款比例、人民币跨境租赁资产转让和涉及间接投资资本流出等未能真正落地,金融改革进程和取得的成效相对缓慢。

5. 知识产权保护制度创新经验对比

在创新知识产权服务方面，广东自贸区由于贸易起步早、产品设计相对成熟，相对发展较快，取得了一些成果，建立了统一的知识产权管理和执法体系，已明确写入《中国（广东）自由贸易试验区条例》，正在建立知识产权维权援助中心，开展了知识产权质押融资风险补偿金试点，启动风险补偿机制，对自贸区的中小微企业知识产权质押融资提供重点支持。

6. 政府管理体制改革创新经验对比

四大自贸区在管理体制上，天津比较特殊，采取平行管理模式，其自贸试验区管理架构平行于天津滨海新区，二者在职责分工上，自贸区管委会负责制度和管理创新，滨海新区管委会负责该区的经济活动，两个部门之间会产生一定的协调成本，不过由于这种管理架构运转时间尚短，目前无法评价其效果的好坏。其次，广东的自贸区管委会更加市场化，探索自贸试验区企业化、市场化运营新模式的工作成为广东自贸区的一项重大创新举措。

目前发展的障碍和存在的问题

1. 负面清单的正面表述方式与中美 BIT 谈判存在差异

首先，我国自贸试验区负面清单，是正面清单负面表述的模式，国民经济行业分类与联合国产品分类标准没有衔接上，目前我国的负面清单分 15 个行业、50 个子行业、122 项管理措施，仅有 9 个行业中的 22 个子行业与中美 BIT 谈判负面清单存在对应关系。同时，在开放度方面，122 项措施中，有 29 项管理措施比中美 BIT 谈判负面清单更严格，只有 3 项更开放，其他基本持平。其次，在透明度方面，目前负面清单中有部分措施属于限制类，2015 版负面清单仍有 18 条特别管理措施，没有指明具体的限制方式以及到底需要由哪个机构进行审批。最后，在实际工作中，常遇到"大门开小门没开""只能进不能做"的现象，负面清单管理模式在促进投资开放的作用未能充分发挥。例如，负面清单对于外商投资旅游、拍卖等领域是允许的，但项目审批、落地仍按原有关规定执行，并不是实际意义的放开。

2. 对标 TPP、TISA、RCEP 等世界经贸新规则存在差距

自贸试验区在对标 TPP、TISA、RCEP 等国际高标准投资贸易规则方面，在

开展"风险测试"和"压力测试"层面上还有较大差距。其原因主要在于：(1)由于时间差的关系对 TPP 等规则掌握及利用不充分；(2)中央对地方的授权机制以及国务院与各部委的工作衔接和沟通协调机制需要进一步完善；(3)法律等基础设施条件和机制环境有差异。

3. 外资安全审查制度与监督机制不完善

在外资安全审查专项评估中发现，外资安全审查范围需要进一步明晰，如"重要文化"等，基层部门在甄别时较难界定。此外，对于"外商投资企业再投资"如何进行安全审查存在制度设计缺失，限制类或禁止类外资项目容易通过再投资等方式，来规避现有管理环节与措施绕行进入。此外，当地政府反映负面清单推出后对各个自贸区管理最大的挑战就是事中事后监督，完善立法体系，对可以且已经进入的投资企业和项目如何进行审查监管，防范风险，亟待落实相关监督管理措施。

4. 倒逼顶层改革

目前，四个省市自贸区当地政府反映的情况是能推广的经验基本都不能算是改革，因为像国际贸易"单一窗口"等智能便利通关早就应该实施了，而真正需要改革试水的工作，地方政府由于没有决策权和审批权大多都做不了，报上去最后还是要中央来决策，地方自贸区总结的经验最多是在本市加以推广，规模效应有限。而且最重要的是目前我国制度设计的很多标准急需和国际标准对应上，这些都需要顶层设计和中央改革方案。

未来政府需采取的相关措施和改进方案

1. 对标国际高水平经贸规则，进一步推动自贸试验区改革

自贸试验区是我国改革进程中的制度创新高地，未来要争取将国家双边或多边谈判中的难点、焦点问题放在自贸试验区内先行先试，国内先搞好压力测试、风险测试。积极对接 TPP、TTIP、TISA、BIT 等一系列多边或双边谈判新规则，如国内制度环境、国企改革、竞争中立、更严格的环境、劳工标准等。加强跟踪研究，积极对标，高起点谋划，系统总结推出国际经贸合作新规则、新模式，为我国对接高标准国际经贸合作新规则积累新经验。同时，在转变政府职能、投资体制改革、事中事后监管等方面加强总结，形成可供国内其他地区借鉴的制度创新模式。

此外，利用自贸试验区跨境电商等新业态的支持政策和通关便利化的优势，积极扩大对传统及新兴市场出口，打开新的市场空间；加大力度支持自贸试验区实施跨境人民币贷款、境外发债和双向资金池业务等，切实解决企业融资难、融资贵问题，降低企业经营成本；利用体制机制优势，促进自贸区与所关联的非大陆区域的产学研合作，推进产业科技创新，降低外资民资进入医疗、教育等行业门槛，推动产业转型升级并进一步推动自贸试验区改革。

2. 增强政策执行中的整体性、协同性和有效性

第一，重视部门之间、各级政府之间的政策协调与配套，提高推进改革任务落实的整体性和系统性，以更宽广的改革视野和管理格局推进下一步的改革、提升开放质量和水平；第二，要重点解决中央与地方政府管理部门之间的政策对接问题，并加快实施细则的制定落实，对于存在意见分歧的任务措施，加强、加深与中央事权部门的沟通，在充分权衡利弊、评估风险的基础上形成政策共识，推进政策落实；第三，未来向全国进行复制推广更需进一步加强政府部门间的协调配合，以增强改革效果，提高管理效率和服务水平；第四，需要在国家层面加强自贸试验区统一立法工作。

3. 加快开展国家战略层面的系统性总结工作

第一，系统总结扩大开放的新模式。上海自由贸易试验区主要面向欧美发达经济体，福建自由贸易试验区主要面向我国台湾地区，天津自由贸易区主要面向韩国，广东自由贸易试验区主要面向港澳地区，因此，重点总结这四个自由贸易试验区各自面对的不同区域或地区—发挥其地缘优势，例如福建自由贸易试验区的对台、对"一带一路"沿线国家和地区的开放合作新模式，总结与"21世纪海上丝绸之路"沿线国家和地区开展海关、检验检疫、认证认可、标准计量等方面合作与政策交流的新模式，总结与"海上丝绸之路"沿线国家和地区开展贸易供应链安全与便利合作的新模式等。第二，系统总结服务地方经济发展的新模式，例如对于福建自由贸易试验区而言，可以系统总结厦门片区发挥辐射带动作用、利用溢出效应促进厦漳泉产业开放合作的新模式，系统总结福州片区发挥对产业转型升级的积极作用、促进当地经济转型发展的新模式。

【经济学人】

诺贝尔经济学奖获得者中的"纳什之最"

皮建才*

约翰·福布斯·纳什（John Forbes Nash, Jr.）生于 1928 年，逝于 2015 年，享年 87 岁。因为在非合作博弈的均衡分析理论方面做出了开创性的贡献，他和约翰·海萨尼（John Harsanyi）、莱因哈德·塞尔腾（Reinhard Selten）一起分享了 1994 年诺贝尔经济学奖。他的经历非常富有传奇色彩，富有挖掘精神的作家西尔维娅·娜萨（Sylvia Nasar）把他的经历写成了传记《美丽心灵：纳什传》（A beautiful mind: The life of mathematical genius and Nobel Laureate John Nash）（以下简称传记）。传记于 1998 年出版，出版后被改编成了同名电影《美丽心灵》。电影于 2001 年上映，并于 2002 年获得奥斯卡金像奖最佳影片、最佳导演、最佳男主角、最佳女配角、最佳改编剧本等奖项。作家娜萨也因写作该传记而声名鹊起，后来成为哥伦比亚大学新闻学院商务新闻奈特教授。需要说明的是，传记是真实的，但是电影中有很多情节是虚构的。如果大家想要了解真实的纳什，还是要阅读一下娜萨写的传记。中译本的传记由王则柯教授的女儿王尔山翻译，王则柯教授校对，上海科技教育出版社出版，娜萨写得好，王尔山翻译得更好。

纳什是一个创造奇迹的人，下面就让我们看一看纳什创造的诺贝尔经济学奖获得者中的"纳什之最"。纳什创造的纪录有的是好的，有的是不好的，总体上来看可以用"前无古人，后无来者"来形容。

一、纳什是诺贝尔经济学奖获得者当中数学最好的

有人说，纳什是诺贝尔经济学奖获得者当中数学最好的，同时也是获得诺贝尔经济学奖的数学博士当中经济学最好的。这种说法其实并不准确。纳什应该

---

* 作者为南京大学经济学院经济学系教授。

是经济学家里面数学最好的，但并不是数学博士里面经济学最好的。诺贝尔经济学奖获得者有很多是数学博士出身的，比如埃里克·马斯金（Eric Maskin）、罗杰·梅尔森（Roger Myerson）、埃尔文·罗斯（Alvin Roth）、让·梯若尔（Jean Tirole），他们的经济学水平都要比纳什好很多。纳什曾经在数学系任教，临终前曾获得数学界大奖，以表彰他在非线性偏微分方程方面所作出的卓越贡献，所以他应该是诺贝尔经济学奖获得者当中数学最好的。但是，需要提醒大家注意的是，所谓最好只不过是一种综合评定。诺贝尔经济学奖获得者罗伊德·沙普利（Lloyd Shapley）的数学也非常好，他是纳什的同学，比纳什大5岁，娜萨写的传记里面有一章专门写他，传记第82页[1]写道："在纳什眼里，沙普利完美无缺：一个才华横溢的数学家，战斗英雄，哈佛学生，哈洛的儿子，冯·诺依曼的宠儿，很快也得到塔克的偏爱。"[2]实际上，纳什年轻的时候也曾经无限接近数学界最高奖——菲尔茨奖，这个奖被誉为数学界的诺贝尔奖。纳什是诺贝尔经济学奖获得者当中的数学天才，说他数学最好应该是当之无愧的。

二、纳什是诺贝尔经济学奖获得者当中日子过得最困顿的

有人说，纳什是诺贝尔经济学奖获得者当中日子过得最困顿的。我觉得应该是的。家家有本难念的经，但是纳什家的经尤其难念。他31岁时得了精神分裂症，后面他的小儿子约翰·查尔斯长到十几岁的时候也得了精神分裂症，治疗过程要花很多钱。他患病期间，尽管有他的母亲和亲朋好友的接济以及他前妻艾利西亚的照料，但他的日子仍然过得不好，个中滋味只有他自己能够体会；基本康复以后，他和前妻又要照顾病中的小儿子。所以，他在得知自己和另外两人一起获得诺贝尔经济学奖时，他说他特别在乎奖金，并且不希望奖金是三个人一起分享。虽然他的日子过得很困顿，但是他能基本康复，就已经算是一个奇迹，这个奇迹要归功于他的前妻以及普林斯顿大学那些曾经包容和帮助过他的教师和学生。他得了精神分裂症以后，他的前妻坚持让他待在普林斯顿大学，因为在那里他可以获得

---

[1] 参阅的版本是上海科技教育出版社2014年7月出版的版本。
[2] 冯·诺依曼在物理学、数学、计算机科学和博弈论方面都是世界级顶级专家，他和爱因斯坦是同事，他被认为拥有当时世界上最聪明的大脑，他很有号召力。很多优秀学生选择普林斯顿大学都是冲着他去的。冯·诺依曼并不看好纳什，但是他很偏爱沙普利。塔克教授是纳什的博士论文指导教师，经济学里著名的库恩—塔克条件就是由他和库恩发现的，他也很偏爱沙普利。

他想要的安全、自由和朋友。所以，那段时间他也被称为普林斯顿范氏大楼的幽灵。[1]大家都认为美丽心灵是指纳什，实际上美丽心灵更多的是指他的前妻艾利西亚以及普林斯顿大学那些曾经默默包容和帮助过他的教师和学生。

三、纳什是诺贝尔经济学奖获得者当中名字被用得最多的

纳什的名字是不是所有诺贝尔经济学奖获得者当中被用得最多的呢？我觉得应该是的。传记第78页写道："今天，纳什的源自策略博弈的均衡概念是社会科学和生物学相关理论的基本范式之一。"传记第79页援引诺贝尔经济学奖获得者塞尔腾的话说："从总体来看，没有人能够预见到纳什均衡会给经济学和社会科学带来这样巨大的影响，更不必说指望纳什的均衡点概念会对生物学的理论具有重要意义。"实际上，博弈论已经改写了经济学研究范式，不懂博弈论很难进行前沿的理论经济学研究，纳什均衡以及在纳什均衡基础上衍生的其他更加精炼的均衡得到了广泛应用。我记得有一本书里是这样讲的，如果每个人说一次或者写一次纳什均衡就给纳什一块钱的话，那么这个世界上最富的富翁将不是比尔·盖茨，而是纳什。纳什的名字因为纳什均衡而在经济学和政治学等社会科学期刊以及生物学期刊上铺天盖地地出现。尽管纳什物质上并不富有，但是他在精神上是最富有的，我们的社会对顶级学者的"奖励"显然大大小于对顶级企业家的"奖励"。诺贝尔经济学奖委员会主席林德贝克力排众议，极力促成纳什获得诺贝尔奖，就有这一层次的考虑，传记第369页援引林德贝克的话说："纳什与众不同，他从来没有得到任何表彰，生活在真正悲惨的境地中，我们应该尽力将他带到公众面前。在某种程度上使他再次受到关注，这在感情上是令人满意的。"

四、纳什是诺贝尔经济学奖获得者当中获奖过程最悬的

纳什是不是所有诺贝尔经济学奖获得者当中得奖过程最悬的？我觉得应该是的。你可以说每一位获得诺贝尔经济学奖的学者获得该奖都很悬，因为没有任何

---

[1] 传记里专门有一章写的就是"范氏大楼的幽灵"，第331页写道："如果一个新生抱怨他在附近徘徊使人不自在，也会立即受到警告：'你这辈子也不可能成为像他那样杰出的数学家！'"

一个奖项可以说已经确定下来，除非评奖委员会已经向新闻记者公布了获奖名单。只要没有公布，"哪怕是委员会全体一致通过的建议也可能会被推翻"。传记里详细描写了纳什获得诺奖的过程。评奖委员斯塔尔对纳什进行了深入调查，他和其他人觉得纳什并不是有力的得奖者，纳什得奖可能会损害这个奖的声誉。传记第369页写道："林德贝克认为，斯塔尔的反对意见，比如纳什是一个数学家、在40年前就对博弈论失去了兴趣、患有精神疾病，都是与主题无关的东西。"一般情况下，主席林德贝克的意见起决定性作用，没有几个委员敢对他直接说不，投票只是形式，委员们只要表示赞成即可。但是，纳什获奖可不是一般情况。在当年召开的科学院大会中，会场一片混乱，斯塔尔认为纳什等人发展的非合作博弈"过于狭窄，过于缺乏实质，过于强调技术性"，他提议用芝加哥大学教授卢卡斯替代纳什等三人，最后开始了紧张投票，结果是纳什等三人得到了占多数的选票。这在以前是从来没有发生过的事情。此事对诺贝尔经济学奖的评选产生了深远的影响，在一年之内，林德贝克和斯塔尔都离开了评奖委员会。

五、纳什是诺贝尔经济学奖获得者当中博士论文最短的

纳什的博士论文是不是所有获得诺贝尔经济学奖的博士当中最短的？我觉得应该是的。当然，有很多人可能会说，诺贝尔经济学奖获得者中有很多人根本就没有获得博士学位，比如1991年诺贝尔奖得主罗纳德·科斯（Ronald Coase）和2007年诺贝尔奖得主里奥尼德·赫维茨（Leonid Hurwicz）都只是本科毕业生，虽然他们拥有荣誉博士学位，但是他们都没有写博士论文。这种非常特殊的情况，我们不予考虑，我们只考虑一般情况。纳什的博士论文题目是"非合作博弈"（NonCooperative Games），完成于1950年，只有区区27页。现在国内的博士论文动辄要求10万字以上，很多博士生都是洋洋洒洒地写了20万字以上，如果拿现在的标准去卡纳什，那么纳什的毕业论文根本就不符合博士论文的字数要求。据说，诺贝尔经济学奖获得者吉拉德·德布鲁（Gerard Debreu）曾经讲过一个广泛流传的笑话：经济学论文应该像女人的裙子一样，短要短到让人感到刺激，长要长到让人感到里面有些实质性内容。纳什的博士论文无疑属于第一种情况，虽然短，在内行看来却足够刺激，奠定了非合作博弈理论的基础。塔克教授是纳什的博士论文指导教师，纳什的论文是在塔克的督促下完成的，塔克却说他并没有

发挥什么实质性作用。

七、纳什是诺贝尔经济学奖获得者当中获得博士学位时最年轻的

纳什获得博士学位时的年龄应该是 22 岁，但是网上流传的年龄是 21 岁，这种差异可能是由于计算差异造成的，计算精确到年和计算精确到月的结果可能是不一样的。他获得博士学位时的年龄是非常小的，这跟普林斯顿大学的制度有很大的关系。当时，普林斯顿大学通过综合考试的学生可以在两三年里获得博士学位，而哈佛大学学生却需要六七年甚至更长时间。在进行综合考试时，普林斯顿大学的考官可能会根据考生的特点量身定做试题。纳什博士毕业后本来想留在普林斯顿大学做教师，但是由于种种原因没有留成，他最终选择了麻省理工学院。传记第 123 页写道："纳什成为麻省理工学院讲师的时候只有 23 岁，不仅是教师里最年轻的成员，也比许多研究生都年轻。他的男孩般的外貌和少年人的举止使他得到了类似'小押尼珥'和'娃娃教授'这样的外号。"我查阅了尽可能多的材料，来证明纳什的这个"最年轻"，但是由于很多诺贝尔经济学奖获得者的材料不全，所以如果有人发现了"更年轻"的，欢迎大家更正和补充。

八、结语

纳什是一个天才，天才的作用有两个：一个是创造知识，另一个就是创造纪录。纳什创造的知识值得我们通过应用发扬光大，纳什创造的纪录值得我们通过梳理铭记在心。诺贝尔经济学奖的评选看重以下三个方面：一是思想的重要性，二是工具的广泛应用性，三是研究的跨学科性。纳什的贡献属于第二个方面，第二个方面可以影响和整合第一个方面和第三个方面。博弈论逐渐改变了现代经济学，纳什均衡是博弈论的核心概念，博弈论在统一社会科学甚至是自然科学方面逐渐显示出了强大的生命力，后面可能会实现更大的突破，我们对此拭目以待。诺贝尔经济学奖获得者罗杰·梅尔森认为纳什均衡可以跟"DNA 双螺旋结构对生命科学的影响"相提并论。最后，我用中国人常用的一句话来结束全文："逝者长已矣，生者当自强！"

清代"改土归流"与西南边疆地区发展

李 楠* 林友宏*

关于多民族国家采用何种管治方式以实现边疆文化异质性地区社会稳定与经济发展，一直是困扰社会科学家与政策制定者的棘手难题。由于边疆地区文化异质性较强，国家管治通常面临着较高的管治成本。因此，如果管治方式选择不当，不仅会成为多数发展中国家经济与制度发展的障碍，而且也会成为这些国家内战冲突、国家分裂和恐怖主义滋生的温床。

然而在现有文献中，关于此问题的讨论却略显不足。关于该问题系统化的讨论较早见于15世纪意大利著名政治学者马基雅维利（Machiavelli）的名著《君主论》（*The Prince*）。马基雅维利在其书中总结亚历山大大帝征服大流士王国的统治经验时，不但认为不同统治方式对君主国政治绩效会产生较大影响，而且特别强调在那些文化、语言、习俗等具有显著差异的被征服地区采用不同的统治方式将对国家的稳定与统一产生的巨大影响。然而在马基雅维利之后，对此问题的直接讨论较少，更多的考察则集中在欧洲殖民历史经验的讨论中。如美国麻省理工大学经济系的阿西莫格鲁（Acemoglu）等于2001年发表在《美国经济评论》（*American Economic Review*）上的经典文章指出，与西方早期殖民者在非洲、南美洲等实施掠夺性的殖民统治政策相比，那些实施建设性的殖民政策的地区对当地经济与制度的长期发展有着显著的促进作用。而另一位学者艾亚尔（Iyer）在关于英国对印度殖民历史经验考察过程中也发现，英国殖民者委托当地世袭领主实施间接统治的地区与英国殖民者亲自直接统治管理的地区相比，在独立后呈现出显著的经济绩效差异。然而，以上这些讨论均是在殖民背景下，宗主国对殖民地统治政策差异与经济绩效的考察，而对统一多民族国家内部如何通过统治方式选择和管制方

---

* 作者李楠为上海财经大学经济学院教授，香港科技大学社会科学部博士；林友宏为广东外语外贸大学经贸学院讲师，上海财经大学经济学院博士。

【经济史话】

式变迁进而促进社会稳定与发展的讨论，无论在理论还是在经验层面均显不足。而在人类历史发展过程中，中国历史上清代对西南少数民族地区进行的大规模"改土归流"提供了一个较好的研究地方统治方式变化对其经济发展影响的历史自然蓝本。

在中国古代历史上，虽然经历了较长时期分裂与统一，统治者也在汉族与少数民族之间不断更换。但在较长期政治整合的背后，逐渐形成了中原地区以汉文化为主而边疆地区为少数民族聚居的格局。那么在中国古代历史上，历代中原王朝如何实现对这些边疆文化异质性地区进行有效管制并促进其边疆地区稳定与发展呢？这些管治政策又对这些地区经济发展起到了哪些作用呢？本文在此，将通过探讨我国西南边疆地区的管治方式变迁的历史经验，寻找解决边疆文化异质性地区有效管治和促进当地政治稳定、经济发展的钥匙。

在我国西南少数民族聚居的边疆地区，统一中原王朝对西南边疆的管治经历了一个从"羁縻政策"到"土司管理"间接管治，再到"郡县制度"直接管治的漫长演变过程。在元朝以前，西南地区一直分布着被称为"西南夷"的诸多互不统属的小国。由于道路险阻，自然条件恶劣，统一的中原王朝只能通过以军事威慑和定期贸易依附为主要特征的羁縻政策使"西南夷"臣服于中原王朝的统治。因此，早在汉朝，西南地区就设置了犍为、粤嶲、牂柯等郡，但这些郡不能实行真正意义上的基层治理职能，郡县的行政管理能力有限。即使到了唐宋时期，建立在羁縻政策基础上的统属关系依然没有改变。甚至在唐宋时期，云南地区相继出现了与中原王朝相抗衡的南诏和大理两大政权。由此可见，虽然元以前的历代中原王朝已经同西南边疆地区建立起军事或者贸易上的羁縻关系，并且将西南地区视为自己的属国，但西南地区从未真正纳入中原王朝正式的郡县制度行政管理之下，政治较不稳定，经济发展受到制约。然而这一切随着元世祖忽必烈率大军征服西南以后得到一些改变。

元朝统治者在征服西南地区之后，一方面依靠其强大的军事力量对西南地区进行控制，另一方面在制度建设上推行"土司制度"这一间接管治的治理方式。在"土司制度"下，地方有影响力的贵族或部落首领被任命为"土司"，拥有对辖地民众进行世袭统治管理的权力，也有定期向朝廷纳贡并在战时提供兵员的义务。因而，"土司制度"使得中原王朝对西南地区的管治能力得到极大提升。不仅在元代，明代也基本沿袭了元代的做法，使"土司制度"进一步发展和完善。据龚荫统计，元明之际，在云南、贵州、广西三省共设立"武职土司"410个，"文职土司"605个。

然而，由于国家无法对"土司"辖地内的民众进行管理，也导致了"土司制度"的诸多弊端。例如，在"土司"的统治之下，民众土地的财产权往往得不到保障。一些"土司"对民众征收高额的赋税，如在蓝鼎元（1723）上书雍正的《论边省苗蛮事宜书》中曾记载："黔省土司，一年四小派，三年一大派，小派计钱，大派计两。土民岁输土徭，较汉民丁粮加多十倍。"而对当地社会经济发展更为不利的是人身权利的缺失。许多地区土民维持着对"土司"的人身依附关系，甚至对"土民"掌有生杀大权。《明史·土司传》中记载的贵州水西"土司""游猎酒醋，辄射人为戏"即反映了"土司"之治下土民悲惨的生存状况。此外，"土司"虽然有听从中原王朝军事调遣的义务，在行政上却拥有极大的权力。在流官地区，地方官员需要依据国家的税收、司法等制度对民众进行管理，并负有提供兴修水利、赈济灾民、科举教育的义务；而在"土司"统治地区，"土司"对于社会的管理并不受国家法律的约束，不仅可以任意对"土民"进行征税，而且为维护自身的封建割据统治，采取一系列措施限制文化交流，例如，赵翼在《黔中倮俗》中记载了广西田州"土民虽读书，不许应试，恐其出仕而脱籍也"。

面对"土司制度"的积弊，通过"改土归流"将"土司"间接管治变为"郡县"直接管治成为统治者的一项选择。"郡县制度"是中央政府通过直接任命地方各级官员，建立官僚化的选拔、考核体系，对民众进行管治的一种制度。尽管"郡县制度"始于秦国商鞅变法时期，主要意图在于削弱分封制度的不利影响。在秦汉之际却得到了广泛的发展，成为国家对地方管理的重要行政制度。无论是后来的少数民族政权还是汉族政权，均通过郡县制度完成土地人口的登记管理、土地赋税的征收，并履行兴修水利、保障治安、文化教育等一系列经济社会职责。虽然"郡县制度"是统治者们维持中原及周边核心区域政治稳定与经济发展的基石，但在边疆文化异质性较强的西南地区，"郡县制度"却难以得到施行。尽管明朝统治者开始对贵州等少数民族地区实施"改土归流"的措施，但收效甚微，甚至一度停止。而真正使得"郡县制度"在西南得到全面确立则是清代雍正时期推行的大规模"改土归流"运动。

雍正四年（1726年），云南巡抚鄂尔泰向雍正上疏，指出了"改土归流"的迫切性："云贵大患，无如苗蛮。欲安民必先制夷，欲制夷必改土归流。"（《清史稿·土司传》），并设计了详细的"改土归流"方案。雍正四年至雍正九年（1726—1731年），在雍正皇帝的授意下，鄂尔泰采用招抚和武力征剿的方式对西南土司地区进行了大规模改流，"蛮悉改流，苗亦归化，间有叛逆，旋即平定"（《清史稿·土司传》）。雍正一朝共革除土府州县17个，长官司18个，西南"土司"的势力被极大削弱。雍正之后，西南地区依然存在着许多势力较小的"土司"，但大部分地区已经纳入了中原王朝的行政版图。这些"土司"一部分在清朝后期被陆续改流，一部分一直延续至清末，最终在民国和新中国成立之初被悉数革除。

"郡县制度"在西南地区的确立也使得当地的社会与经济环境发生了深刻的变化，进一步促进了改流地区的经济社会发展。在雍正大规模"改土归流"之后，改流地区的人口出现了快速增长，根据曹树基编著的《中国人口史》提供的数据，人口密度由1776年的每平方公里15.1人上升至1910年的每平方公里29.05人。而反映改流地区人力资本水平的进士数量也有了较大的提高。根据《明清进士题名碑录》提供的信息，清前期（1644—1722年）未改流时这些地区尚无进士，至清后期（1821—1905年）雍正改流地区平均每科中进士数上升至0.778人。特别在晚清时期，一个完全改流的区域要比一个尚未改流的区域在人口密度上高出86.5%，在以进士数量为代理变量的人力资本上高出40.7%。之所以"改土归流"能够产生这些结果主要有以下几个原因。首先，"改土归流"结束了"土司"的封建统治，使得"土民"不再依附于"土司"，获得了更多的人身自由和的财产权利。清朝在对土司地区进行改流后，对有田的"土民"发给印照，而对无田的"土民"则分给"土司"的田地，并将土民编番入册，将改流地区的民众置于国家统一的行政控制和法律规范之下。例如，云南丽江土府雍正元年（1723年）改流之后，"出良民之在庄院为奴者五百余户，均平赋役、招徕劝垦"（《建丽江府治记》），使得依附于"土司"的"土民"变为自由的农业生产者。其次，"改土归流"结束了西南地区"土司"割据的局面，并且通过部署绿营兵，保障了社会的稳定和各地区的交通联系，从而促进了移民和农业开发。例如据清道光年间《普尔府志》记载，云南普洱地区于雍正七年（1729）设立流府，"由临元分拨营兵驻守，并江左、黔、楚、陕各省贸易之客民，家于期焉"，普洱府在外省移民之后，"人烟稠密，田土渐开"，获得了经济的发展。最后，改流地区的官员承担起了为民众提供公共物品的责任，通过兴修水利、提供教育，促进了改流地区经济的发展。例如，昭通府在雍正（1728年）改流之后在短短8年时间内便兴修了十项水利工程，灌

155

溉农田数千余亩；而贵州在雍正年间共建义学二十四所，其中的十四所均设在八寨、丹江等改流地区（民国《昭通县志稿》）。

此外，"改土归流"不仅存在对清代西南地区经济社会发展的短期影响，这一影响也延续到民国时期，甚至在改革开放以后依然存在。这主要是因为历史事件所具有的路径依赖效应的结果。特别是"改土归流"可能通过影响西南地区各地经济发展初始条件进而改变不同地区的经济发展路径。我们最新研究结果发现，在西南边疆地区，清代改流时间较早，受"郡县制度"管治时间越长的地区，当地的人口密度、识字率和农村家庭人均纯收入也越高，而婴儿死亡率则显著较低。"改土归流"的持续时间平均每上升1%，将使得"民国"二三十年代与改革开放后的人口密度显著提高0.1%左右，并使得2000年的平均受教育年限上升0.081%，农村居民纯收入上升0.028%，每千名新生婴儿的死亡数显著下降3.4。所以，"郡县制度"管治持续时间越久的地区，越能够在长期取得更好的经济表现。

实现边疆文化异质性地区的繁荣与稳定对于多民族统一国家具有极其重要的意义。因此，较为合适的国家边疆管治模式恰恰为经济的长期发展奠定了基础。而中国历史上"改土归流"的经验告诉我们，当今多民族国家面临的民族问题并非是一种难以解决的疑难绝症，尽管期间混合了复杂的经济、政治、宗教等因素，如果我们采取适当的民族政策和治理方法最终可以营造和实现政治稳定、国家统一、民族团结、和谐发展的局面，我国历史上边疆地区的发展经验已经表明，随着政治整合的不断加强，经济文化沟通不断加强，民族互助和文化融合必然是历史发展的最终趋势。

【经济史话】

出勤率的诱惑：也谈人民公社社员的劳动积极性

徐卫国 *

一、挣工分对农户至关重要

拙文《人民公社社员的活命"工资"：粮食》（见《经济学家茶座》总第 67 辑）谈道，在起于 20 世纪 50 年代末、终于 20 世纪 80 年代初的农村人民公社时期，我国农村实行统一生产、统一分配、一大二公的准军事化模式，农户能做的只是在生产队的安排下参加集体劳动并换取"工分"。劳动报酬的支付原则是按劳取酬，实际过程是按劳动工分的多少、以户为单位来分配农产品等实物，现金支付极少。也就是说，农户的劳动报酬，主要是以实物的方式获得。总原则是"各尽所能，按劳分配，不劳动者不得食"。

因此，对社员而言，工分简直就是他们的命根儿。挣得的工分最终会被所分配的粮食、农副产品和少量日用品等实物抵充，极少分配现金。谁家工分挣得多，总工分值也高，分得的实物也多；年终总决算，总工分值在抵扣实物价值之后，兴许还有少量结余，这时才有现金分配。社员兜里有了现金，买上几样年货，给孩子扯几尺布做新衣，一家人欢天喜地过大年。另外，谁家工分挣得多，说不定给评个劳模、五好家庭什么的，也很有面儿。一家人的饥饱、荣辱，与工分息息相关。可见工分对农户的意义之大！所以，普通社员日常劳动最主要的目标，就是挣工分。

那么，工分制对劳动的激励究竟是强还是弱呢？社员有没有劳动投入的积极性呢？

实地调研以及保留至今的账本，为我们提供了难得的个案探究资料。河北省清苑县某村保存着 1974 年至 1980 年的"生产队会计资料"，各项记载和数据比较完整，为农户劳动报酬和劳动投入的关系问题提供了一些佐证。进一步的分析

---

* 作者为中国社会科学院经济研究所研究员。

证实，实物报酬的分配比例，确实与劳动投入（出勤）有高度的相关性，即按劳分配的比例低，抑制了社员的劳动积极性；由于"有工分才分粮"（不劳动者不得食），社员会追求一定程度的高出勤率（"抢工分"），但高出勤率不一定意味着追加劳动，不一定意味着强劳动激励。下文——道来。

二、分粮比例与劳动投入密切相关

"生产队会计资料"所显示的具体分配过程是，生产队依照每户工分总额，并按一定比例将粮食分配到户。其中的"人分粮"（亦称"基本口粮"），是按全家标准人数来分配的，依照政策规定，一般占每户所得粮食的70%左右；另外还有"工分粮"，是按全家工分总额（折算为工分总值）来分配的，一般占每户所得粮食的30%左右。两项相加，即全年总决算所分配的粮食。其中，某户社员如在年内"已分粮"数量未达到总决算的数量，就需要分"找齐"粮；反之，如"已分粮"超过总决算数量，就必须"退回"。当然不必退回粮食实物，而是在年终总决算时退回折款即可。其他农副产品，均按人口分配，但也需要农户以工分值抵扣折款。

"生产队会计资料"显示，每户社员历年人均分粮509.74斤。其中，按人分粮（即"人分粮"）392.64斤，按工分分粮（即"工分粮"）117.10斤，"人分粮"比例超过77%，接近八成，明显高于"工分粮"。七成以上的粮食按人口分配，这就是按需分配了；剩下不到三成才是按劳分配。即粮食实物分配还是按需分配为主，按劳分配为辅。不过，除了五保户，对每一农户而言，按人分粮也需要工分值抵扣，农户中没有劳动能力不能挣工分的老幼成员，需要其他有劳动能力的成员通过劳动挣工分来供养，每一户都不能不劳而获。由此可见，这种带平均主义特色的分配方式，也是需要有劳动才能实现的。这样的分配方式，能保障每户社员填饱肚子，维持基本生存，并有规避风险的作用。当然，平均分配中，差异依然存在。各户因总工分的差异，人均分粮数也有颇大差异。

在按劳动数量（工分）分配和按人口分配两种形式中，普遍认为，如果按劳分配比例高则劳动积极性也应该高。"生产队会计资料"也证实了这一点。连续几年的完整数据，使我们有条件分析上年粮食的按劳分配比例与本年的劳动投入量（工分数）的相关性，即分析农户当年标准人均工分和上年"工分粮"所占比例的相关系数。

经计算，历年按工分分粮比例与标准人均工分数的相关系数平均超过 0.67，有的年份甚至高达 0.92。这说明上年按工分分粮在总分粮数中所占比例越高，则该年农户的劳动数越高，即按劳分配的比例与劳动积极性正相关。

这样的结果，即通常所理解的那样，当按劳分配的比例增加时则农户劳动积极性高，对劳动的激励更显著，社员倾向于多投入劳动。然而，生产队的实际情形是，按劳分配部分比例太低，一般仅占 20%—30%。这也可以一定程度上解释集体化劳动积极性不高的原因。

从农户角度看，更高的出勤率意味着更多的工分和报酬。无论是为集体劳动，还是被征调为国家劳动，参加者都能从生产队获得工分。对农户而言，在没有权利自由选择其他工作机会时，平调劳动既有免费的食物，又能挣工分，也是划算的。

从生产队集体角度看，社员出工不出力的低质量劳动是无益的，只有能增加粮食产量的劳动才是有效的；国家组织的水利工程之类的平调劳动，对生产队只是部分有益（可能有助于增加粮食产量），因为占用大量劳力、额外增加了与生产队生产无关的社员工分，因而是部分无效的。

从国家角度看，能完成水利工程和征购粮的劳动就是有效的。国家希望农户尽可能多地投入劳动，生产更多的粮食、完成更多的工程。农户被限定在农村"以粮为纲"，且国家一声令下又能参加公共工程，这对于实现中央计划经济体制下的工业化赶超战略的目标是有益的。

三者之间，既有利益交集，也有利益冲突。社员在生产队的劳动是否是高效率的，可以近似地与社员在自留地的劳动效率比较。通过一些学者的个案研究，可以初步认定，与自留地劳动比较，集体劳动损失产值约 25%。

因此，这样的分配制度，在劳动激励方面固然有一些正面作用，但缺陷也是明显的。

三、高出勤率不等于强劳动激励和高质量有效劳动

对农户而言，谁家挣工分多，谁家的总收入、实物报酬和分得的现金也多。那么，在计时工分制中，大量出工，提高出勤率，就是农户获取更多收入的主要方式。换言之，不劳动者不得食，对有劳动能力的社员而言，就意味着出勤者可得食。

这与前工业社会的小农生产方式既有相似性，又有不同。相似之处，都是要投入较多的人力和时间，不同之处，社员的高出勤率并不一定就意味着强劳动激励，不一定意味着高劳动效率。

一般来说，劳动生产率用每个劳动者在单位时间内所生产的产品量（产品数量或价值量）来计算，或用单位产品所耗费的劳动量来计量。那么，衡量工分制是否为"相当有效的劳动激励制度"，就不能仅仅观察一个社员一年中的劳动日数量以及工分额。劳动日数量和工分额，既衡量每位社员完成的工作量（如平整了几亩地，收割了多少斤小麦），也衡量社员的出勤天数。那么，实际劳动中，就存在一种情形：工分制也是对社员出勤率的激励，所谓"追加劳动"其实也意味着增加了出勤率。出勤率的诱惑，简直挡不住！

然而，出勤率高不一定意味着出大力流大汗、劳动质量高，也不一定意味着农业产出的增加。例如，出工不出力、劳动不求质量，或为多得工分去点个卯、耗时间。这在计时工中尤其明显。计件工（包工）的劳动效率明显要高一些，但也存在偷懒、投机取巧行为。例如，人民公社时期，笔者在生产队每年都要参加水稻田的插秧劳动，一般都是包工，每家承包一小块稻田或一大块稻田中的一垄，工分按面积大小而定。按当时密植要求，每株秧苗间隔为6寸，但为多劳多得、赶进度，间隔大多都在7寸，监管者也睁一只眼闭一只眼。社员工分到手，但稻谷产量并不能提高。即这样的劳动投入，工分确实挣到手，但并未实现最大产出。当然，如果把强劳动激励限定为更多出工（出勤），工分制确实是一种强激励制度安排。

生产队的个案所提供的实证数据，进一步印证了劳动投入与按劳取酬比例正相关。更多的劳动投入，却常常意味着更高的出勤率；按劳取酬（分粮）的比例过低，又会使农民减少劳动投入，降低出勤率。这是一个有着内在冲突的激励机制。

简言之，工分制的制度设计确实能激励农民多出勤，多挣工分；农民也确实付出了辛苦的劳动。而按劳分配比例过低，则激励农民虽然追求高出勤率，但又可能出工不出力。所以，工分制并不是一个强劳动激励的制度安排。

【经济史话】

续量化经济史研究三则

林 展*

在前期(《经济学家茶座》总第72辑),笔者介绍了三篇经济学家使用量化方法研究历史的文章,这一期,很高兴有机会继续介绍三篇。正如经济学的研究范围已经非常广泛一样,经济史的研究主题同样非常多元。本文和前文介绍的研究基本都是结合经济学理论和严格的计量方法,为我们理解历史、理解今天的社会提供了很多洞见。

长子继承制与君主的存亡

君主制是近代以前最主要的政治制度。在君主制下,权力的代际传递是极为关键的问题,然而对这一问题的实证研究还很少。就欧洲而言,其历史上存在三种主要的王位继承制度:选举制、兄终弟及制和长子继承制。基于此,Andrej Kokkonen 和 Anders Sundell 发表在《美国政治学评论》的论文 Delivering stability—Primogeniture and autocratic survival in European monarchies1000—1800 利用欧洲君主制国家的特征,讨论了王位继承制度与政权稳定的关系。他们发现,相对于其他两种制度,长子继承制下,君主被废黜(被驱逐、杀害和死于国内战争)的概率更低。

君主制下,一个君主在决定权力代际传递时,会面临一个困境。如果在位者指定继承人(即储君),那么继承人(比如他的弟弟,年龄差别不大)可能由于急于上位而将他取代。如果在位者不指定继承人,那么统治集团中的精英阶层会丧失继续忠诚于他的斗志。因为他死后,潜在王位竞争者很可能会发生对王位的激烈争夺,而胜出的新统治者上台之后,精英阶层已有的好处可能难

---

* 作者为中国人民大学清史研究所讲师。

以得到保障。

学者 Gordon Tullock 认为，长子继承制是君主解决上述困境，从而维持自己统治的最佳制度安排之一。原因之一是长子继承制可以使精英阶层仍然保持对统治者的忠诚，因为长子继承制下，君主去世，长子继位，这使精英阶层的利益仍然能够得以保持。如果没有指定继承人，老君主的去世容易引发权力的争夺，从而威胁到整个政权。这时精英阶层对于老君主的忠诚不能保证他们利益的持续，因此，精英阶层有可能会首先采取行动并推翻现有的君主。因而对于君主而言，提早指定继承人以解决政权的协调问题是明智的。

原因之二是由于长子与君主之间有较大的年龄差。这使得长子确定地知道只要他保持忠诚，在老君主死亡之后，他将获得王位，他获得王位之后，也有足够的时间享受王位带来的好处，从而有较大的耐心等到老君主去世或退位。但如果是基于选举或者是兄终弟及制，由于老君主和继承人之间的年龄差可能很小，继承人不知道能否活过老君主（即使活过老君主，可能在位时间也很短），这使得竞争的继承人难以有足够的耐心，从而会提早采取夺权的行动。

不过，长子继承制也有潜在的问题，即继承王位的并非是能力很强的君主。对于精英阶层来说，统治者能否应对外国的侵略，也是他们关注的重点。在这一情况下，选举制更可能产生能力更强的君主。在选举制下，君主不会面临"王储"提前夺位的问题，精英阶层却可能产生权力的争夺。

上述内容仅属于理论上的推论，很少通过严格的量化方法进行实证检验。两位作者利用公元 1000—1800 年间 42 个欧洲君主制政权 960 个君主的数据，对这些假说进行了检验。在今天，欧洲大部分王室都是实行严格的长子继承制，但历史上并非如此。从公元 11 世纪开始，欧洲君主主导的继承方式是选举或兄终弟及制。只有伊比利亚半岛的少数国家实行长子继承制。公元 1000 年，只有大约 20% 的政权实行长子继承制，到了公元 1800 年，则有超过 80% 的政权实行了长子继承制，随着采用长子继承制的政权占比越来越高，君主被废黜的政权占比则越来越低，二者高度负相关。

在实证分析部分，作者使用 Cox 比例风险模型进行分析，发现在兄终弟及制下，其君主被废黜的概率要比选举制高 98%，而长子继承制则比选举制要低 75%。这一结果在控制住时间趋势和其他的影响因素，比如议会制的引入等之后，仍然成立。

【经济史话】

随后，作者也对结果的稳健性进行了讨论，由于只有那些权力巩固的君主才会采取长子继承制，因而可能存在反向因果的问题。作者首先考察了12个继承制度发生变化的政权，发现在这一情况下，长子继承制下的君主被废黜概率仍然很低。接着作者使用分层的Cox模型并去掉作用机制变量进行回归分析，发现上述结论仍然成立。

作者还发现，长子继承制下，君主的在位时间要更长。另外，兄终弟及制下，君主被废黜的概率高于选举制。这表明"储君"篡位的问题比协调精英阶层的问题要更为严重。

接着，作者讨论了长子继承制与政权存续即外在威胁的问题。作者发现，实行长子继承制的政权，一开始君主被其他政权废黜的概率更高，这可能是由于其君主的能力不够强；但200—300年之后，这些政权由于较为长期的政治稳定，逐渐变得比其他政权强大。长子继承制在短期不具有竞争力，在长期却有竞争力。这也一定程度上解释了为什么欧洲早期的政权不愿意采用长子继承制，但最后几乎都采用了长子继承制。

最后，作者发现，在当今世界上仍然存续的实行严格君主制的政权中，上述长子继承制对君主存亡的影响仍然存在。

媒介的暗面：广播与纳粹德国的兴起

近代的独裁者通常是以民主的方式获得权力，随后通过全面的权力巩固来获得独裁局面，希特勒的上台执政就是典型案例。那么，是什么样的因素导致了民主体制中这种现象的发生？独裁者又是如何获得和巩固他的权力的呢？Maja Adena 等五位学者发表在 QJE 的论文 Radio and the Rise of the Nazis in Prewar Germany 通过探讨二战前德国的广播对纳粹党在选举中的得票率，以及大众对纳粹政策接受程度的影响，认为纳粹党对广播内容的控制和普通大众已有的信念是理解上述问题的重要线索。

在二战前，德国的广播内容经历了三次变化。在1929年之前，一项管制法例严禁广播播放有党派性质的内容，这使得在此之前的广播相对是政治中立的。然而，1929年的大萧条加重了德国在《凡尔赛条约》规定的赔款负担，纳粹党因而发起了一场公民运动要求废除赔款。当时以社会民主党为首的魏玛政府为了应对这场运动，改变了广播宣传的内容，播放支持魏玛政府的宣传。直到1932年前，虽然纳粹党在议会中的席位在稳步上升，但是几乎没有任何广播与纳粹党有关。这使得1932年总统选举中，社会民主党的兴登堡（Hindenburg）被选为总统。然而，基于一个错误的政治策略判断却任命了希特勒为总理（本意是要约束纳粹党）。

希特勒担任总理之后，就开始了巩固行政权力之路，并通过广播来不断宣传支持纳粹党的内容。尤其是在1933年3月的选举中，纳粹党以前所未有的方式来使用广播帮助竞选，因而获得43.9%的选票，并在联盟党派的协助下通过了一项法案，使得希特勒政府可以不经过议会授权就直接制定和颁布法律。这导致了1933年夏天以后，所有的政党都被判为非法，所有的独立媒体都被关闭。随后，希特勒政府利用广播广泛地宣传纳粹极端思想，尤其是反犹太和反闪族主义。

基于上述广播内容变化的三个阶段——政治中立、偏向魏玛政府、纳粹宣传，作者提出了三个假说。（1）当政治新闻偏向魏玛政府时，纳粹党的竞选得票率下降；而当纳粹党控制了广播后，其得票率会上升。（2）当反闪族宣传全面展开后，德国普通民众反对闪族的公开表达和暴力会增加。（3）由于宣传效果与听众前定信念密切相关，因而可以预期那些历史上出现较多迫害闪族人事件的地区，广播宣传是最为有效的。

实证结果发现，在1930—1932年期间的三次选举中，广播订阅数量（估算值）一个标准差的上升（约8.2个百分点）会使纳粹党在选举中的得票比例下降2.9个百分点。而在1933年的选举中，广播订阅数量一个标准差的增加会使纳粹党在选举中的得票比例上升2个百分点。

那些历史上有犹太人定居而在黑死病时期没有发生过屠杀闪族人事件的地区，相对于发生过屠杀事件的地区，广播订阅数量一个标准差的增加（约8.2个百分点）会导致犹太人被驱逐的概率下降26%，也会导致报纸上发布的公开反对犹太人的信件数量下降45%。

本文的研究表明，大众媒体对不成熟民主制度的兴衰具有重要作用。当对极端主义言论进行限制时，大众媒体就能为民主保驾护航；反之，则会成为独裁统治的催化剂。显然，独裁体制下的政治宣传有利于维护政治稳定和提高独裁的受欢迎程度。但是，宣传的效果只在那些对宣传信息持强烈支持的民众中最为显著，否则会适得其反。

【经济史话】

不同征税制度的长期影响：来自印度的证据

经济学家关心历史，原因之一是历史上形成的制度模式产生了持续的影响，从而影响到今天的经济表现。很多经济学者认为，殖民者在殖民地建立的不同制度对今天的经济绩效产生了重要影响。

比如，La Porta 声称被英国而不是其他国家殖民，对殖民地的法律系统有显著的影响，从而影响到殖民地后来的经济表现。Acemoglu 等学者证明早期欧洲殖民者的死亡率是这些殖民地后来是否拥有好的制度和好的经济表现的重要显示指标。Engerman 和 Sokoloff 则认为巴西和美国之所以是它们今天各自的样子，主要由于欧洲人殖民时，巴西适合种植甘蔗而美国不适合。因为种植甘蔗需要奴隶劳动力，最后巴西比美国有更多的奴隶人口。这意味着巴西社会更加官僚等级化，从而导致了两个国家在制度类型上的不同，进而致使经济增长率方面的差异。

但上述基于跨国数据的研究很难聚焦到具体的制度上，同时也会因为国家之间的历史背景差异太大，难以解决因为遗漏变量带来的内生性问题。

Banerjee 和 Iyer 发表在美国经济评论杂志（AER）上的论文 *History, Institutions, and Economic Performance: The Legacy of Colonial Land Tenure Systems in India*，属于这一系列文献之一，但作者集中考察了英国殖民者在印度建立的两种不同土地征税制度的长期影响。

讨论单一国家中单一制度的好处是，相对于在一组各不相同的复杂制度下，可以很容易识别出引发差异的来源。另外，还可以获得制度差异产生的详细历史，这使得识别出这些差异中部分外生性更加容易。

土地税是英国殖民者最主要的收入来源，为了税收收入的最大化，他们在印度建立了两种不同的土地征税制度，分别是地主责任制和农民责任制。

地主责任制以地主作为中间人向农民征税，某个地区交税的义务由某一个地主承担，负责征收一个或多个村庄的税收。地主可以自由设定税率，以及惩罚不交税的农民。在交够英国殖民者要求的数额之后，剩下的部分全部归地主自己占有。这一收税的权力可以被继承和买卖。在这一制度下，地主有效地控制了土地的产权。这一制度下的税率分为两种：一种是固定不变的，另一种则若干年调整一次。

　　农民责任制是基于个体农民的征税制度。在这一制度下，英国殖民者直接向农民征税，征税之前会进行详细的土地地籍调查和登记，对每个农户土地权利的法定登记成为征税的依据。该制度下的税率并不固定，而是根据土地的产出周期性地进行调整。

　　上述两种土地税制度的建立受到众多因素的影响，比如殖民统治者个人的观念和政治影响力、某些政治事件、占领的时期差异，以及被殖民者接管的地区是否已经有了地主阶层等。但建立这两种土地税制度的最终目的还是为了税收收入的最大化并维持秩序的稳定。

　　作者发现，那些历史上实行地主责任制的地区，比实行农民责任制的地区，在各方面的经济绩效都要差，即使在控制住一系列的地区变量之后，这一结果依然成立。这些差异表现在农业投资和产出、以各种方式度量的对教育和健康的公共投资，以及教育和健康等方面。比如，后者比前者的小麦产出要高23%，婴儿死亡率要低40%。即使只比较两种征税制度相邻的35个地区，这一结果仍然显著。这一差异并非是一开始就存在的，因为作者发现，根据更早期的数据，从19世纪到20世纪早期，没有证据表明实行地主征税制的地区各项指标更差。

　　那为什么会存在这些差异呢？作者认为主要的原因是两种不同的制度造成的不同阶层的对立以及由此导致的集体行动的差异，在实行地主征税制的地区，公共投资支出上的比重更低，而这一更低的支出并非是由于缺乏可用于投资的资源所造成的。

　　在以地主为中间人的征税制度下，由于地主被赋予了很大的政治权力，使得农民的土地产权容易受到地主的侵犯，即使在印度独立之后，地主和农民之间仍然发生众多冲突。在独立之后，民众主要关注如何瓜分地主的财富，而不是要求增加公共物品。另外，由于地主常常将征税权出租并且主要住在城市，也缺乏动力改善当地的基础设施。加上地主所代表的精英与民众之间缺乏信任，使得众多公共投资活动难以进行。

　　而基于个体农民的征税制度，农户则倾向于与地方精英合作，共同推动公共物品的投资。因此，两个地区在集体行动上面的差异导致了公共投资的差异，而公共投资的差异可以极大地解释生产率的差异。上述推论得到了治安数据的支持，即以地主为中间人的征税制度的地区，暴力犯罪（谋杀、强奸、抢劫等）率显著高于基于个体农民的征税制度的地区；而非暴力的经济犯罪（行骗和伪造等）率则没有明显的差异。

通过考察单一国家内殖民者建立的不同制度所带来的差异，本文加深了我们对于历史如何影响现实的认识。

美国低收入老年人的照料福利

朱 玲*

2016年11月3日—7日，我在纽约参加联合国大学世界经济发展研究所（WIDER）理事会年会。此间顺访专业合作伙伴及好友，无意间获知了几个照料低收入老年人的案例，使我对美国特别是纽约市的长期照料制度有了一些具体了解。

一、何为低收入者

女友 Y 原为 IBM 的工程师，收入颇丰，自有的房屋附带七亩园地，位于纽约上州。十多年前，她将父母从上海接到身边。两位老人皆为高级知识分子，活到近百岁去世。他们在美国未设个人账户，被视为"零收入者"。这样，两位老人在病患失能期间都可得到政府支付的照料服务。Y 伯母 90 岁左右，行走不便，经医生评定健康状况，确认她每日需要得到 3—4 个小时的照护，护理员登门照料的费用由政府支付。Y 伯父 98 岁无疾而终，此前也可得到政府支付的照料。只因 Y 女士退休在家，自愿关照老父，谢绝了上门服务。

好友 Z 的夫人 T 女士恰好从事上门照料病患老人的工作，我从她那里得到了更为丰富的信息：第一，纽约的低收入者是指个人每月收入低于 900 美元的人。第二，即便低收入者的子女属于中高收入层，若他/她自己在失能状态下的收入低于 900 美元，同样可以得到政府支付的照料服务，T 女士目前照料的两位老人都属于这种情况。一位 76 岁的老太太来自中国大陆，儿子在改革开放时经商致富，据说已成亿万富翁。但老太太自己算是"零收入者"，所以在她确诊罹患阿尔茨海默症后，一直得到公费护理。另一位 95 岁的老太太来自中国台湾，女儿们的收

---

* 作者为中国社会科学院经济研究所研究员。

入虽高于平均水平，她自己却属于收入低于 900 美元的群体。老太太因胯骨损伤失去行走能力，同样享有公费照料。

二、政府怎样支付低收入老年人的照料费用

对 T 女士的访谈还使我知晓以下情况：第一，低收入老年人的照料费用主要来自联邦和州政府出资的医疗援助项目（Medcaid），项目运行和资金管理由地方政府的卫生局负责。第二，纽约市卫生局至少与十来个照料公司签约，由竞争性的公司为低收入老人提供服务。第三，公司招聘护理员并对其培训和考试，领到考试合格执照的人才能上岗。第四，卫生局根据服务公司实际照料的人数和工作时长，拨款到公司。拨款额包括项目管理成本和护理员的工资及社保支出。第五，与老人失能相关联的日常消耗品，例如尿不湿和小床垫等，费用也由卫生局报销。

公司提供的照料技能培训对报名参加者免费，护理员上岗后每半年还接受一次法律培训。为了保证用户安全，每位护理员在警察局都留有手模。公司与护理员签约前，还考察其以往的工作记录和前雇主的评价。护理员的税后每小时工资为 10—12 美元，公司为每一个护理小时从卫生局得到的拨款，大约相当于这一数额的 8 倍左右。

每一位受照料者的失能状况，都由法定的医院评定，据此进一步评定护理等级和每日需要护理的时间。有的老人需 24 小时护理，公司就得派三名护理员倒班。如果低收入老人愿意去养老院，所需费用也由卫生局支付。倘若老人的亲属愿意自行照料，卫生局将根据所需护理工时，对从事照料的亲属发放护理费。此外，卫生部门认为适当的社交活动有助于老人健康，因此还支付低收入老人往返社区活动站的交通费用。在纽约的公路上，我还曾看到这种专门接送行动不便者的专用车。

T 女士签约的公司雇用了一千多名护理员，不但为受照料者派遣相同性别的护理员，而且还尽可能选择与之使用同样母语的人，为的是便于沟通和照顾。每位受照料者及其监护人、护理员、医务人员和协调员共同组成一个团队，各负其责相互配合，以求达到良好的照料效果。护理员不负责任何与医学有关的事，即使老人跌倒也不能扶，只呼叫护士，以防二次伤害。医生和护士针对老人种种不适，优先采用安宁疗法，为患者提供足以减轻疼痛和焦虑的药品。理念是，尽可能让

老人活得舒服。

护理员与公司双向选择，受照料者与护理员及其公司也双向选择。2015年T女士回国探亲，她照料的一位阿尔茨海默症患者与替代护理员不融洽，患者家属就另签了一家公司。还打电话给T，希望她返回纽约后也转换公司。但T对原公司尚且满意，没有答应这位家属的请求，而是接受了公司另外派遣的两单照料工作。

三、其他收入群体的照料费用何来

美国的低收入病患老人得到的照护可谓无微不至，收入高于900美元的老人又当如何呢？T女士告诉我，已有不少就业者从商业保险公司购买长期照料保险，每月支付保险费300美元。没有购买这项保险的人，晚年的照护费用就得自付。由此带来的问题，是占人口大多数的中等收入群体对老年医疗和照料保障制度不满。不仅如此，根据奥巴马医改方案，许多工人和雇员每月交纳的医疗保险费提高到700美元以上。如果不交费便会被罚款，罚款额大约一年2000美元。结果，相当一部分就业者宁可被罚款也拒交保险费。

与上述美国的长期照护制度相比，当前德国的长期照料保险安排和对低收入群体的援助制度更加审慎地权衡了效率与公平。

第一，早在20多年前，长期照料保险就已纳入德国社会保险。这就意味着，在全社会范围内分散病患老人的照料费用，从而有利于维护这一保险项目的财务可持续性。

第二，自2003—2005年的劳动力市场改革以来，德国政府部门对社会救助受益者实行更为严格的家计调查。不但按照住户所有成员的收入计算和确认受援资格，而且时常派员突然入户审查住户人数、就业及收入状况。以此预防可能发生的受援者道德风险，以求确保公共财政资源的合理使用。

第三，接受长期（6个月以上）照料服务的失能者，也须分担部分费用。例如，照料机构的设施投资费用主要由联邦各州负责，不足部分由失能人群共同承担。即便是入住养护机构，食宿费也由入住者自己负担。已有的经验表明，这种"共付制"，能够有效减少资源浪费及受益人的道德风险。

【他山之石】

产业政策是谁的"工具"？
——由日本几类产业政策引发的思考

白雪洁[*]

2016年，一场令学界瞩目的林毅夫、张维迎产业政策思辨会在北大朗润园落下帷幕，三个小时的唇枪舌剑，二人现场所表达的思想观点实际并未超出之前已经为众人所了解的程度，二人有关市场理论范式的分歧，有关产业政策定义内涵的分歧，都是无法弥合的。比如，在林毅夫相对宽泛的产业政策定义中，R&D中的科研补助也是产业政策手段，而在张维迎看来，只有以产业为区分对象实行的差别性歧视性政策，如信贷资金配给、税收优惠和财政补贴等才是产业政策，二人对产业政策的界定与认知，就像两条并行的轨道。但事实上，除去货币、财政等宏观经济政策外，类似R&D扶持，甚至是基础设施建设开发等政策，都不可能完全做到无产业、无地区差别，即便标榜最没有产业政策影子的美国，其政府的基础研发投入也有很强的产业导向，张维迎所界定的狭窄的产业政策只能说是一个历史阶段的产物，20世纪50年代的日本、计划经济时期及改革开放前30年的中国毋庸置疑都运用了这类政府主导选择型的产业政策，也的确是失败的教训远远多于成功的经验。然而，如果我们再深究一步，评判一项产业政策的成功与失败的标准到底是什么，只是以产业政策是否达到了政策制定者——政府的初衷来判断，还是要看一下它对产业政策的对象——产业到底产生了怎样的影响呢？换言之，政府是产业政策这个工具的实施主体，我们的研究与思考忽略了另一个维度，即产业政策这个

产业政策思辨会（展板图）

---

[*] 作者为南开大学经济与社会发展研究院教授。

工具的作用对象——产业，更具体的，就是产业内的企业，它们对某一具体的产业政策抱有怎样的应对态度与行为，会不会在更大的程度上决定产业政策的走向与实施效果。难得的是，所谓的产业政策"大国"日本给我们提供了多个生动的案例，让我们得以剖析，产业政策到底可能是谁的"工具"。

日本自20世纪50年代以来实施的大量产业政策中，最为世人所津津乐道，且被很多产业政策的信奉者视为成功典范的是针对汽车产业实施的幼稚产业保护政策，当时关税壁垒与投资限制这种严厉的歧视性政策手段都在汽车产业得以运用，容易滋生保护性政策的企业寻求庇护，寻租政府导致官商勾结等问题在汽车产业并没有发生，但在另一个先于汽车产业就享有了幼稚产业保护政策的水泥制造业，寡头企业之间对内建立卡特尔，对外与建设业协会相互勾结，想方设法以各种手段寻求政府保护措施的延续，水泥制造业成为日本产业中"扶不起的阿斗"，却并不影响寡头企业赚得盆满钵满。同样是幼稚产业保护政策，为什么汽车产业可以借此培育起产业国际竞争力，而水泥制造业却像"啃老族"一样心安理得做起了"啃政策族"？这与"橘生淮南则为橘，生淮北则为枳"的自然生态规律难道没有异曲同工之妙吗？换言之，如果产业政策是一个工具，决定政策效果的可能主要不是作为政策实施主体的政府，而更大程度上取决于政策作用对象——产业的组织特征以及企业的竞争本能。如果站在企业的视角来看待一项产业政策，企业关注的绝不会是这项产业政策的实施是否可以达到政府的预期目标，而是这项产业政策的预期目标与企业的自我选择目标是否吻合，如果目标一致，企业大可放低姿态，顺水推舟，让产业政策的制定者抛头露面。而一旦产业政策的目标与企业的自我选择目标相悖，企业则会奋力抵制，直至产业政策不了了之。这方面，日本最典型的一个案例也与汽车产业有关。

20世纪60年代，日本先后加入OECD和IMF，汽车产业被推上国际竞争的舞台，彼时，沾沾自喜于对汽车产业实施幼稚产业保护政策的成功，自认为是产业发展方向引领者的通产省又未雨绸缪，在1961年6月抛出了一项《针对汽车产业的施政方针》，旨在提高本国汽车产业的竞争力，确立量化（规模化）生产体制，把汽车生产企业划分为量产车、特殊型轿车和微型车三个生产集团。这一方案遭到除丰田和日产以外所有汽车企业的极力反对，通产省的集团化构想被扼杀在襁褓中。但通产省愈挫愈勇，接着又在1963年3月向国会提交一份《特定产业振兴临时措置法案》，指定在轿车、特殊钢、石油化学三个产业实行企业合并和生产

【他山之石】

专门化、集中化政策，该法案同样因为遭到汽车企业的强烈抵制，三次提交国会审议三次均未通过。南橘北枳的矛盾再次暴露，这一次的政策对象是相同的，都是汽车产业，但实施幼稚产业保护政策时的"乖宝宝"却成了勇于说"不"的"叛逆儿"，是什么原因促成了这种变化呢？细究原因，是因为在汽车产业所处的不同发展阶段，企业的目标发生了改变。

简单回顾一下，日本针对汽车产业实行保护政策时，无论通产省还是汽车企业都清楚地知道，关税等高强度的保护措施只能是权宜之计，不可能成为永远的保护伞，更主要的，日本汽车产业具有鲜明的企业主导型发展特征，每个企业不仅把几年以后的国外企业看作竞争对手，国内企业之间也高度竞争，使得企业之间以合谋换取长久政策保护的前提条件缺乏，被作为幼稚产业保护对象的汽车企业犹如初生牛犊，适应环境的竞争性成长是它们的本能取向，这时的保护政策更像是助推它们成长的营养剂，企业自然是欣然接受。但是当1961年和1963年通产省分别试图对汽车产业实行有违企业竞争取向的集团化政策时，看似温顺听话的日本汽车企业却接连出现"独行侠"。本田宗一郎作为本田汽车品牌的缔造者，在1963年以二轮摩托车企业进入汽车产业时，遭到了通产省的嫌弃，其他汽车企业（当时已有11家汽车整车生产企业）能够享有的资金援助等优惠政策均将本田置之门外，但这都没能阻止本田宗一郎作为一位创业者，以及他的得力助手藤泽武夫作为企业家的强烈创新热情，他们以百折不挠的精神积极引导企业开发低价格的轻型车，并延续摩托车发动机的技术优势，成功开发CVCC发动机，一举打开美国市场。1969年又一家"不听话"的企业三菱重工对通产省提出的"慎重对待与外资合作及可能引致外资进入的引进外资等活动，应该通过国内企业间的协调解决问题"的要求置若罔闻，以迅雷不及掩耳之势与美国克莱斯勒公司签订合作意向书，成为通产省和汽车产业界的头号新闻，也彻底打破了通产省关于重组汽车产业的美妙设想。五十铃紧随其后，1970年与美国通用公司达成合作，汽车企业面对通产省有悖于企业自主发展意愿的产业政策时所展现出来的抵抗力由此可窥见一斑。从幼稚产业保护政策时汽车企业的欣然接受汽车企业合并集中化政策时企业的各种抗争，产业政策的实施主体没有变，政策的作用对象也似乎没有变化，政策效果却大相径庭，到底决定产业政策效果的是什么，是政策制定者的智慧能力下降了吗？显然不是，事实上，决定政策效果的主动权更像是掌握在企业手上，如果产业政策的引导方向与企业的所思所愿相一致，企业就甘居下风，让政策制定者们享尽所谓成功的风光，而一旦产业政策的引导方向与企业的所思所愿相背离，温顺的企业可能翻脸不认账，产业政策大多以夭折而告终。

反观日本钢铁产业政策的历史，企业主导产业政策走向，决定政策所谓成功失败的力量同样强大。钢铁产业是日本战后着力培育的重化学工业的支柱之一，通产省希望钢铁产业保持三大企业——八幡、富士、日本钢管的寡头垄断格局，产业政策几乎就是给这三家企业吃"偏食"。但偏偏就有不知趣的挑战者横空出世。川崎制铁，一个当时根本没有入到通产省法眼的普通平炉生产企业，抛出了一项需要投资273亿日元，将生产能力提高到6倍以上的粗钢高炉建设计划，这一计划令三大巨头企业和通产省、大藏省、日本银行都大跌眼镜且不屑一顾，当时的日本银行总裁一万田尚登曾经愤愤地说，"他们的计划建设用地会长满青青绿草"。在一万田尚登他们经济官僚的潜意识里，只要阻断川崎制铁从政府金融机构获得资金支持的渠道，川崎制铁的庞大投资计划一定会自行流产。现实却是，这些经济官僚们完全低估了企业家的强烈发展意愿和不屈精神，当时川崎制铁的社长西山弥太郎首先把求助的目光投向了计划的高炉工厂建设地——千叶县，而且果真在税收、融资、基础设施服务等方面得到了千叶县政府的大力支持。旗开得胜的西山弥太郎再接再厉，这一次他盯住了对川崎制铁的投资计划持反对甚至是抱着幸灾乐祸心态的经济官僚部门，因为他知道经济官僚部门内部并非铁板一块儿，日本开发银行成为被他打破的冰山一角，并通过日本开发银行劝说第一劝业银行等民间银行对川崎制铁给予融资支持，以及世界银行的近1/4的融资支持。川崎制铁千叶高炉工厂的开工建设，终结了三大钢铁一体化企业的寡头垄断市场结构，日本钢铁企业进入了一段激烈的寡头竞争期。然而，十年以后，已经开始迈向成熟期的日本钢铁产业峰回路转，面对贸易自由化后国外企业进入日本市场的压力，通产省又开始出台大型钢铁企业合并重组计划，名曰避免"过度竞争"对产业竞争力的危害，确立企业间关于设备、价格等的自主调整体制。产业逐渐迈入成熟期的日本钢铁企业的竞争本能在消减，寻求政策保护的心理加剧，八幡制铁和富士制铁对通产省的政策意图心领神会，于1968年5月抛出了《合并意向书》，给出了所谓避免重复投资的低效率、强化技术开发力、资本实力和资金筹措能力，以提高企业综合竞争力等理由。这份合并计划虽然当时招致了日本反垄断组织——日本公正取引委员会（公平交易委员会）和很多经济学者的极力反对，但两家企业还是与通产省一拍即合，1970年3月新日本制铁公司宣告成立。川崎制铁对通产省产业政策意图的强烈抵制和最终胜出，八藩制铁、富士制铁对通产省产业政策意图的迅速领悟和合并成功，从通产省的角度看，前者是产业政策的失败，后者是产业政策的成功，但如果从民间企业的角度看，结果都是企业的愿望得以实现。产业政策到底是谁的"工具"是否已经昭然若揭呢？

曾经作为日本通产省主管产业政策事务次官的福川伸次在接受《财经》采访时说道："产业政策的基础是市场经济，是自由的市场经济，政府只是在正确的方向上推了一把。"他这段话前半句是准确的，确实是企业主导的市场经济是产业政策的基础，但后半句并不准确，因为政府不是总能在正确的方向上推一把，很多时候，政府认为正确的方向与企业的自我判断方向是相悖的，这个时候产业政策就不是推一把，而是拦一把了，比如上述本田、三菱、川崎制铁的例子，所幸的是，即便产业政策有时会成为企业自主发展道路上的"绊脚石"，它也只是提高了企业达成其目标的难度而已，很难让企业调转方向跟随产业政策走，只会增加被尘封的失败的产业政策的数量。况且还有另一种情况，就是政府有时也会灵光乍现，恰好摸准了企业的脉，产业政策真的起到了推波助澜的作用，比如日本汽车产业的幼稚产业保护政策、钢铁产业的大型企业合并计划等。这时产业政策制定部门大多会津津乐道于自己的先知先觉，殊不知，从产业政策中获得所需的企业才是最大的赢家。

如此看来，产业政策作为一种工具，从实用性的角度，就不可能有一个放之四海而皆准的所谓该与不该的道理，其作用效果取决于政策制定主体——政府和政府实施对象——企业之间的互动关系，而具体到不同国家或地区，不同经济发展阶段，不同产业成长阶段，政府和企业之间有时是协调配合的合作伙伴关系，有时是冲突对立的较量对手关系。前一种情况下，双方的力量作用方向一致，摩擦和内耗少，政策看似都能够成功，虽然一些成功的产业政策，可能还会损害社会整体福利，如日本通产省在20世纪70年代后期对进入产业衰退期的造船业允许其组建衰退卡特尔，实施调整援助政策，实际是在阻碍市场的优胜劣汰，而这是寡头企业所期盼的，产业政策也助其达成了愿望。日本更多不为世人所道的所谓失败的产业政策，是未能达到政府政策初衷，因为产业政策的主导力量来自企业。当政府的政策目标和企业的发展志向目标一致时，表现出的是"强"政府，"弱"企业，一旦双方的目标不一致时，"弱"企业会立刻"强"起来，产业政策就难逃落败的命运了。只是需要特别提请注意的是，企业家中既有像本田宗一郎、西山弥太郎这样充满竞争基因，富于进取与创新冒险精神的张维迎教授所推崇的企业家精神，也有八藩制铁、富士制铁、佐世保重工这样，以寻求产业政策的庇佑作为实现其利益的一种选择的企业家。

或许福川伸次所言，"我在通产省工作的时候，产业政策最重视的就是怎样不让自己的扶持政策过剩，只做最小限度的扶持与诱导"。这恰好说明了当产业政策这一工具的实际主导者是企业时，从维护市场经济这一产业政策基础的角度，促进竞争的产业政策"可为"，但还需要有竞争基因与本能的企业配合才可能"有为"，对一些反竞争的合并重组等政府要刷"存在感"的产业政策，还是省省吧，以免其成为企业借以谋求私利的工具。